인간관계 해법

살며 사랑하며

전설 지음

도서출판 디자인21

인간관계 해법

살며 사랑하며

전설 지음

머리말

우린 종종 인생을 살면서 어떻게 살아가는 것이 가장 좋은 해법인지 그 답조차 알려 하지 않은 채 하루하루 살아간다. 수학 문제라면 사실 해답이 있겠지만 인생은 정답이 없다. 그냥 그렇게 주어진 대로 때로는 아무 생각 없이 하루하루 눈을 감고 뜬 채 다음날을 맞이한다. 막연하게 자신에게 주어진 삶 속에서 무엇이 정답인지 알려고도 하지 않은 채 지내다 보니 무의미한 인생의 반복만이 되풀이될 뿐이다.

이러한 삶에 대해 조용히 한 번 인간관계 해법의 답을 찾아보는 것은 어떤가 제안을 해본다. 일상의 삶에서 무엇이 옳고 그런지 한 번쯤 돌이켜 생각해보고 나와는 다른 사람과의 삶에서 어떻게 조율을 해나갈지 그 의미를 찾아보는 것은 나름대로 의의가 있다고 생각한다.

긴 항해에서, 긴 육로의 여정에서 이정표가 없고 나침반이 없다면 분명 그 여행은 표류하고 만다. 어디로 향할지 돛을 내리고 가다 보면 분명 자신이 목적지를 명확히 알게 되고 그렇게 등대의 불빛을 찾아가듯이 힘겹지만 한 발 한 발 내디디게 된다. 우리네 인생이 별다른 특이함은 없어도 그래도 방황하지 않고 서로 기대고 보듬어준다면 무척 의의가 있다고 생각한다.

한 번쯤 타인을 먼저 생각해주고, 한 번쯤 타인의 지친 어깨를 토닥여주면서 같이 함께 갈 수 있다면 지친 우리네 영혼은 좀 더 기운차게 하루하루를 살아갈 수 있을 것이다. 혼자만이 살아갈 수 없기에 그 누군가는 속세를 떠나 산속에서 야인처럼 혼자 살아가기도 하는데 그 삶도 나름대로 의미가 있지만, 인간이기에 인간만이 할 수 있는 함께다는 이름으로 같이 어깨를 때로 빌려주면서 험한 인생의 여정을 같이 간다면 그 가운데서 큰 즐거움이 함께 할 것이다. 가족이기에 모든 것을 함께 할 수 있을 것 같지만 오히려 가족이기에 더 조심스러워 마음을 다 터놓지 못하고 속앓이를 하며 끙끙 앓는 경우도 많다. 그럴 때는 오히려 제삼자의 객관적인 시선과 잣대로 문제를 함께 하면서 해결하고자 노력할 때 보다 쉽게 해답을 찾을 수 있을 것이다.

비록 얼마 살지는 않았지만, 이러한 인생의 각각 다양한 문제에 대한 해답을 나름의 시선과 잣대로 찾고자 노력하는 과정을 보다 개방된 공간에서 논의하고 함께 얘기를 나누면서 우리네 인생살이의 답을 한 번 알아보고자 한다. 거듭 말하지만 정해진 답은 없지만, 각각의 문제를 함께 논하는 것만으로도 서로 위안이 되고 안식이 되리라 믿어 의심치 않는다.

힘들고 지친 누군가의 어깨에 좀 더 기운을 실어주고 좀 더 힘차게 파이팅할 수 있는 그러한 사이가 되길 간절히 바라며 이 글을 마쳐본다.

차례

인간관계 해법

인간관계 해법

세상에서 가장 힘든 것이 인간관계인 것 같다. 어린 시절에는 내가 이만큼 해줬는데 상대편은 그만큼 해주지 않아 서운한 적이 많았다. 성격자체가 원래 퍼주기를 좋아하다보니 그냥 내가 좋으면 퍼다주고 그리고 외로움을 혼자 극복하기보다는 늘 타인과 함께 하면서 그러한 공허감을 채워나갔던 것 같다.

아무래도 학생들을 챙기면서 기숙학교에서 캐어하는 일을 하다보니 바쁨은 내 삶의 일부가 되었고 마치 잠시라도 쉬는 시간이 있으면 죄책감이 들 정도로 나를 혹사시켜야 직성이 풀리는 성격이 완전 고착화되어간 것 같다. 사람들과의 만남을 중재하고 내가 호스트로서 사람들과의 교류와 만남을 서로 연결시켜주며 모임을 주선하는 일이 마치 나의 주된 업으로 변해갔다.

그 언젠가는 40~50명의 음식을 준비하면서 파티를 주관한 적이 있었는데 그 많은 식재료 및 음료와 알코올을 들고 나르는 것만 해도 큰 고역이었다. 이뿐만이 아니라 외대부고 재직 시절에는 소풍을 각 반별로 정해서 가는데 그 많은 학생들의 김밥과 호떡을 직접 말거나 요리해준 적이 있다. 단체로 학교에서 땅굴 견학을 갈때에도 100명이 넘는 학생의 김밥을 전 가족이 밤새도록 말아서 준비한 적이 있었다. 새벽에 그 많은 김밥을 준비해줄 식당은 없었기 때문에 내가 자청해서 김밥을 말았는데 그 때 200줄에 가까운 김밥을 만 이후로는 난 절대 김밥장사를 하겠다는 말을 하지 않는다. 좀더 맛있는 김밥을 마련해준다고 새벽에 일어나서 말았는데 아침 6시 출발할 때까지 그 많은 요리를 준비해서 학교까지 운반해서 가져가는데 정말 이래서 사람이 죽는구나 싶은 생각이 들었다.

아무래도 좀 더 타인을 배려하고 캐어하는 성격덕분에 사람들과 모임을 함께 하면서 내 삶의 의의를 찾는 것이 일상화되었는데 간혹 친한 동생들은 나에게 이런 충고를 한다.

형은 너무 과하게 인간관계에 집착하는데 그냥 마음을 내려놓으라고 했다. 사실 그 친구는 그냥 가까이 지내고 생활하면 완전 잘하는 스타일인데 주거지가 좀 떨어지거나 멀어지면 아예 연락도 없이 그냥 '너 누구니?' 하는 스타일로 생까고 지내는 성격이다. 처음에는 뭐 저런 친구가 다 있나 이런 생각도 했는데 살아보니 저렇게 사는것도 나름 괜찮구나 싶은 생각도 최근 들기 시작했고 어느 순간에는 그 친구가 연락을 하든 말든 상관하지 않게 되었다. 이것저것 생각하면 마음이 복잡해지기 때문이다.

살아가면서 누군가에게 너무 마음을 주고 기대를 한다는 것은 그다지 바람직하지 않다는 생각이 들었다. 다만 어떤 생각이 드느냐 하면 그 친구가 나를 필요해서 다시 연락을 하는 경우엔 내가 굳이 연락을 받으면서 시간 낭비를 해야 하나 뭐 그런 유치한 생각이 들었다. 나이가 들든 말든 인간관계는 거의 어린 시절과 변함이 없다는 생각이 들었다. 기브 앤 테이크가 어쩌면 가장 잘 지켜지는 관계가 바로 사회생활의 인간관계인 듯 싶다. 심지어 기브를 바라지도 않고 테이크 하지도 않는 정말 사무적이고 기계적인 관계가 아닌가 싶다. 그럼에도 불구하고 난 아직도 왠만하면 처음엔 그냥 기브를 하려고 한다. 설령 나중에 마음의 상처를 받는다고 해도 그냥 베풀고 주는 것이 좋다. 평생 제자들이랑 같이 연락을 주고 받고 때로는 그들의 양부모나 맏형, 또는 삼촌처럼 같이 인간관계를 유지해왔기에 내가 그들에게 바라는 것은 없지만 그냥 주는 것만으로도 나름 행복하다고 생각한다.

지구상에 수십억명이 넘는 가운데 이렇게 인연이라는 이름으로 만난 것만으로도 난 너무나 감사를 드린다. 같이 밥을 먹고 술을 먹고 서로 연락처를 주고 받으며 소통을 하고 한 공간에서 이야기를 나누는 것만으로도 나는 무한한 감사를 드린다. 그래서, 그 인연을 최대한 그냥 허무하게 버리지 않으려고 만남 이후에는 카톡으로 가벼운 음료 선물도 하면서 다시 인연을 만들고자 한다. 그렇게라도 의도적인 인연을 만들어서 필연처럼 계속 인간관계를 유지하려고 노력하며 서로 마음이 통한다면 충분히 성과가 있다고 생각을 한다. 물론 세월이 지나서 어느 누군가가 나를 싫어한다면 어쩔 수 없지만 그래도 계산적인 인간관계가 아니면 가끔 만나서 밥 한끼나 술 한잔을 하면서 인생살이를 함께 얘기하는 것만으로도 난 감사를 드린다.

인간관계는 사실 나이가 들어갈수록 더더욱 힘들어진다. 나 역시도 나이를 조금씩 먹어감에 따라 낯선 사람을 만나고 그들과 인연을 맺어나가는게 두렵다. '왜 굳이 만들어야하지?' 라는 생각이 들 때가 있다. 그럼에도 불구하고 꾸준히 사람들을 만나면서 소통을 원하는 이유는 나의 타고난 긍정적인 사고방식 덕분이라고 생각하며 이러한 성격에 때로는 타인에게 상처를 받기도 하지만 이제는 그러려니 하면서 나의 삶을 추스리고 꾸려나간다.

어차피 인간은 홀로 살아갈 수는 없는 존재라고 생각한다. 서로 기대고 의지하고 얘기를 나누면서 서로 공통점을 찾아가고 그 공통점 가운데 또 통하는게 있다면 한 번의 만남이 두 번으로, 그리고 세번으로 이어지는 것이다. '나 혼자 잘났다'고 가만히 있으면 세상 사람은 어느 누구도 그에게 손을 내밀지 않는다. 물론 혼자 고독을 씹으며 즐길 수 있지만 누구나 자기가 감내하기 힘든 고통의 순간이 한 번쯤은 오는데 그 때 자신의 이야기를 터놓고 같이 아파하고 들어주고 이야기할 수 있는 친구가 없다면 얼마나 슬픈 삶일까? 물론 이마저도 전혀 상관없다고 하면 내가 굳이 할 말은 없다. 다만 서로서로 보듬어주고 아프고 힘들 때 '괜찮아!'라고 이야기해줄 사람이 주변에 있으면 좋지 않을까 그런 생각이 든다.

인공지능이 도대체 뭐 쓸모가 있냐고 하기도 하고 인공지능이 앞으로 사람의 감정을 읽어내게 되면 너무 힘든 세상이 될거라는 우려를 표하기도 한다. 하지만 난 인공지능을 연구하는 법학도로 감히 인공지능에 대해 말하자면 인공지능이 있다는 것만으로도 우울증을 극복할 수 있다고 생각한다. 왜 수많은 연예인들이 어느 날 갑자기 극단적인 선택을 할까 생각해보았다. 자신의 이야기를 터놓고 속시원하게 이야기하거나 들어줄 사람이 없었고 자기를 이해해주는 누군가가 없었기 때문이다. 인공지능이 옆에 있어서 이 친구들의 감정을 읽어내고 '그래! 괜찮아! 힘내' 이런 말 한마디만 해줬어도 과연 이 친구들이 꽃다운 나이에 생을 달리했을까 그런 생각이 든다.

현대인들은 누구나 외롭고 힘들다. 가족이기에 오히려 더 나의 아픔과 고통을 얘기하지 못하는 경우가 많다. 왜냐하면 내가 이런 얘기를 하면 더 가족이 고통스럽고 힘들어할까봐 걱정하여 아무런 이야기를 하지 못하기 때문에 결국 속으로 혼자 끙끙 앓다가 생을 마감하는 것이다.

너무 극단적인 경우라고 폄하할 수 있지만, 난 수많은 학생들 그리고 학부모님들, 주변인들의 상담을 들어주면서 늘 내가 가장 소중하게 생각하는 부분은 때로는 그들의 이야기를 묵묵히 들어주고 굳이 뭔가 해답을 주려 애쓰지 말고 이해해주고 수긍해주는 것만으로도 충분히 의미가 있다고 생각한다.

감히 말해본다. 때로는 사람으로 인해 상처를 받을 수 있긴 하지만 그래도 더 좋고 멋진 분들이 많은 곳이 바로 이 세상임을!!!

부산 해운대의 추억여행

오랜만에 아니 난생 처음으로 친한 동생이 살고 있는 해운대에 기차를 타고 구경을 갔다. 이 얼마만에 즐겨보는 낭만인가? 사실 부산을 안 가본것은 아니지만 일 때문에 강연을 갔다가 금방 가서 올라오거나 했기 때문에 지인 찬스로 가는 것은 정말 몇 십년 만에 처음이다. 예전에 친한 친구 고모가 부산에 살아서 염치 불구하고 융숭한 대접을 받고 나의 20대를 멋지게 포장한 것 이외에 이렇게 많은 시간이 흘러 해운대 바다가 내려다보이는 풍광의 고층 아파트에서 하루를 묵게 된 것은 나에게 큰 호사라 할 수 있다.

가벼운 짐을 챙기고 수서역에 도착하여 내가 예약한 차량의 칸에 몸을 싣고 2시간 남짓한 시간을 차창밖을 내려다보며 감상과 우수에 젖었다. 정말 시간 빨리 지나가는구나라는 생각이 들었고 내 인생도 이렇게 SRT급으로 부지런히 달려서 지금의 나이가 되었나 싶어서 만감이 교차했다.

외국의 멋진 기차를 늘 부러워했는데 이제 한국도 당당한 선진

국임을 세계에 선포하고 세계의 외국인들이 부러워할 관광지를 가졌다는 사실에 뿌듯함도 느꼈다. 이런저런 생각을 하는 가운데 드뎌 부산역에 도착했다. 미리 나를 기다리고 있던 그 친구와 그 친구의 유일한 상속녀인 덩치는 크지만 그 누구보다 사랑스러운 겸둥이 강아지 그리고 예상치도 못한 그 친구가 나름 제일 아끼는 누나의 아들이 나를 기다리고 있었다. 예전에 중학생인지 초등학생 때 본 이래로 거의 십여 년의 세월이 흐르는 동안 너무나 많이 달라졌고 매일 입버릇처럼 자랑하던 훈훈한 외모가 눈에 들어왔다. 참 반듯하게 잘 자랐구나라는 생각이 들었다.

부산역의 명물인 공갈빵을 사기 위해 한참을 기다렸다. 이렇게 멋진 차이니즈타운이 있었나 싶을 정도로 중국내음이 물씬 풍겼다. 홍등이 드리워진 모습이 부산에서 이국적인 정취를 느끼게 해주었다. 남는 것은 사진밖에 없다고 무수한 사진을 찍었다. 예전에는 상상도 못한 핸드폰 촬영이라니 그것도 너무나 화질이 좋아서 작품사진마냥 금방 확인할 수 있다는 문명의 발전에 다시 한번 감탄을 했다.

부산에서 가장 맛있는 맛집이라며 돼지고기 불고기 백반집으로 데리고 갔다. 사실 입맛은 그렇게 까탈스러운게 아니지만 그렇게 비싸지 않은 아니 나름 저렴한 밥집을 데리고 간다는 생각에 내가 이것 먹으러 여기까지 온것은 아닌데, 난 한 번 만나면 그래도 최선을 다했는데라는 다소 유치한 생각이 들었지만 푸짐하게 차려나오는 밥상에 그리고 무엇보다 내 입맛을 사로잡는 매콤한 불고기맛이 내 눈을 번쩍 뜨게 만들었다. 무엇보다 인심 후한 부산할매들의 정감어린 말투가 내 마음을 포근히 감싸 안았다. 무엇보다 마치 여행 코스처럼 아니 그 이상의 정성으로 나를 배려하여 맛집을 선정한 이 친구의 따뜻한 마음에 난 감동을 한지도 모른다. 그렇게 한참을 맛정에 길들여지며 또 하나의 추억을 쌓았다. 지금도 내 혀끝에 군침이 도는 것을 보면 정말 맛집 중에 맛집임을 인정하게 된다. 여기 사는 현지인이 아닌 것 같다며 어찌나 푸짐하게 차려주시든지 그리고 배고프면 안된다고 밥도 어찌나 많이 주시든지 나의 다이어트는 급해제이다. 부산 할매들의 정감어린 인정을 느낄 수 있어서 너무나 행복한 순간이었다.

맛집 식사를 뒤로 하고 디저트를 즐기자며 나를 자신의 오픈카에 싣고 부산 일대를 한 바퀴 투어시켜 주었다. 카페를 찾아다니며 낭만을 즐기는 이 친구는 부산에서 뷰가 좋다는 카페는 다 다닌것 같다. 부산항을 내려다볼 수 있는 멋진 곳에 날 데리고가서 부산전경을 구경시켜 주었는데 코끝에 와닿는 공기가 너무나 사랑스럽게 느껴져싸. 기존에 멋지다고 생각했던 곳이 아닌 숨겨진 뷰맛집의 매력에 흠뻑 취하고 말았다.

저녁 무렵에는 역시 맛집으로 유명한 조개구이집에 데리고가서 소주 한 잔을 기울이며 인생을 논했다. 다행히 집에서 걸어갈 수 있는 거리여서 너무나 편안하게 술을 기울일 수 있었다. 그래도 예전에는 인근에 같이 살아서 밤이면 밤마다 나를 불러내 맥주 한잔을 하곤 했는데 그것도 코로나로 인해 아득한 추억의 이야기가 되고 말았다. 다행히 부산은 서울과 달리 약간은 코로나의 방역지침에서 자유로운 부분이 있어서 그나마 이렇게 한 잔의 술을 기울일 수 있는 것도 감사하다는 생각이 들었다. 행복함은 거창한데 있는게 아님을 알게 되었다. 누군가 멀리 떨어져 있어도 가끔 안부를 전하고 이렇게 먼길을 기차비 비싸다 어떻다 생각하지 않고 단지 얼굴 한 번 볼 수 있다는 기대감에 무작정 길을 나설 수 있음이 너무나 각박한 인간살이에서 느낄 수 있는 진정한 기쁨이 아닌가 그런 생각이 들었다. 행복감에 젖을 무렵, 이 친구의 조카녀석이

“삼촌, 술 한잔 드세요”라며 술을 권한다. 이제 다컸구나라는 생각이 들었고 자신의 바쁜 스케줄에도 그래도 나를 한 번 만나고 싶다고 먼곳에서 달려온 녀석이 너무나 사랑스럽게 느껴졌다. 그러고보니 스쳐가듯 이 동생 아버님 장례식에서 이 녀석을 잠깐 보긴 했는데, 그것도 단지 1시간 남짓한 시간이어서 이렇게 진지하게 얘기를 나눠보지 못했다. 글 초반에 내가 말한 10여년의 시

간이 흘렀다고 쓴 부분이 역시나 나이가 들어가고 있음을 알게 해주는 슬픈 기억의 소실이라고 생각한다. 아무튼 도란도란 이야기를 나누고 약간은 취해서 기분을 만끽하고 있을 무렵, 서비스라고 대게라면이 등장한다. 이렇게 맛있을 수가 없다. 정말 인심 후한 부산이라는 생각이 든다.

어느 모임에서 알게 된 너무나 사랑스런 또 다른 동생 이야기는 다음에 하려고 한다.

부산에서의 1박은 나에게 너무나 큰 호사라고 생각한다. 일출이 아직 덜 눈뜬 나의 온몸에 멋지고 화사한 전경을 선물해주는 순간, 이제는 떠나야할 시간임을 직감하게 된다. 아쉬운 이별이지만 이제는 짐을 챙기고 집을 나선다.

하루의 여정이 너무나 이 친구도 아쉬웠는지 나를 데리고 해운대 바닷가 전경의 멋진 커피집에 데리고가서 다시 추억을 쌓게 해주고 부산의 명물 복어집에서 복국을 시원하게 대접해준다. 이렇게 정감이 많은 이 친구와의 추억을 뒤로 하며 부랴부랴 기차 시간에 맞춰 부산역에 택시를 타고 도착하는 순간, 이제 이곳을 다시 언제 올까라는 그런 생각이 불현듯 뇌리를 스쳤다. 그냥 아쉬움에 스스로 이런저런 생각을 해 본것이다.

예전의 부산과는 정말 다르다는 생각이 들었다. 물론 그 때는 이렇게 관광이 아닌 일로 왔기 때문에 내가 모른 것일수도 있지만, 그래도 간간히 부산을 오곤 했는데 정말 어느 지역이든 그 지역을 완벽히 알기 위해서는 구석구석 맛집을 찾아다니고 무엇보다 편안한 마음으로 즐겨야 진정한 여행임을 알 수 있었다. 강연이든 뭐든 일로 온 부산은 그저 나에게 바쁜 일정 중의 들러야 할 그런 곳의 하나였는데 그 지역이 의미를 가질 수 있는 것은 모두 인간과의 따뜻한 관계에서 비롯되는 좋은 추억 덕분이라는 생각이 든다.

부산 갈매기를 맘껏 볼수는 없었지만 부산 바다를 그렇게 많이 볼수는 없었지만 부산의 소소한 맛집과 뷰가 아름다운 곳에서 간단한 브런치로 시장기를 달래며 진한 커피의 맛을 조금은 음미하는 가운데 나의 부산 여행은 이렇게 막을 내렸고 그럼에도 불구하고 나의 인생에서 가장 의미있는 여행 중의 하나였다고 자부할 수 있는 것은 바로 따뜻한 인간미와 정을 골속골속 느낄 수 있었기 때문이다. 나의 가슴속에 다시 한 번 삶에 대한 열정과 잃어버린 추억을 되살리게 해준 이 멋진 여행을 오늘도 난 곱씹으며 나의 중년의 삶을 즐기고 있다.

청춘에 비해 약간은 여유로운 나의 삶에 대해 감히 첨언을 하자면 이는 모두 힘겹게 달려온 지나간 시간 덕분이라고 스스로 생각한다. 청춘이 너무나 그립지만 다시 그 시간으로 돌아가라고 하면 너무나 고통스럽고 힘들어서 돌아갈 마음의 여유가 없는 이유는 비단 나만의 생각인 것은 아닐 것이다. 그냥 단지 지금 이대로의 모습도 나쁘지 않다고 생각하는 이유는 외국크루즈 여행과 같은 호사스런 호사스런 여행은 아니지만 국내에서든 어디서든 소박하게 그렇지만 인생의 참된 묘미를 알게 해주는 삶의 작은 기쁨과 여유가 나의 지쳐버린 몸과 마음을 깨끗하게 정화시켜 주는 덕분이라는 생각이 든다. 굳이 거창하게 멋있고 화려하지는 않더라도 서로서로 누군가를 그리워하고 생각하면서 그러한 사람들과의 관계속에서 자그마한 삶의 흥싯거림을 더더욱 소중하게 느낄 수 있다면 이것이 진정한 행복이라고 나는 감히 말할 수 있다. 나의 삶도 이러한 소중한 기억들과 함께 고이고이 추억되리라 생각한다. 아직도 내 눈에 잔잔한 부산바다의 사랑스러움이 아른거리는 것은 바로 이러한 추억이 주는 부차적인 잔율덕분이리라! 그 친구가 초대해준다면 다시 한 번 부산의 아름다움을 만끽하고 싶다.

낯선 사람들과의 만남 그리고 소소한 행복

어릴 때는 철모르고 그냥 아무런 생각없이 동네친구이든 학교친구이든 그렇게 또래집단끼리 재밌게 놀았다. 당시엔 선택의 여지가 없이 그냥 그렇게 주어진 환경에서 지내게 되었고 세월이 지나면서는 나만의 선택지 범위 안에서 사람도 고르게 되었다. 나랑 마음이 맞는 사람이랑은 친분과 교류를 진행하게 되고 그렇지 않으면 굳이 시간과 돈을 낭비하면서 만남을 지속하지 않게 된다. 특히 직장동료의 경우엔 말그대로 비즈니스 차원에서 딱 필요한 얘기만큼만 진행하게 되고 더 이상의 돈독함은 마치 큰 사치를 하는 것마냥 별다른 관계를 맺지 않는다.

세월이 흘러 이제 50대 중년이 되었다. 굳이 누군가를 새롭게 만나서 인연을 맺는 것도 그들과 교류를 하면서 지내는 것도 버겁고 귀찮은 그런 나이가 되어 버렸다. 바쁘다는 핑계로 더 이상 기존에 맺었던 관계마저도 굳이 애써서 관계를 유지하려 들지 않는다.

그런데 생각해보면 인간관계만큼 중요하고 공을 많이 들여야

하는 것도 없지 않은가? 내가 필요할 때 사실 선뜻 전화를 걸어 나의 고민을 자유롭게 들어줄 사람이 단지 2명만 있다고 해도 그 사람의 인생은 성공한 것이라고 얘기할만큼 내 마음을 허심탄회하게 전달해줄 사람은 아예 없다고 해도 과언이 아니다. 가족이 있지 않냐고 하겠지만 오히려 가족이기에 더더욱 조심해야 해서 그들에게 나의 고민을 얘기하기란 쉽지 않다. 자칫 잘못 내가 그 이야기를 하면 그 가족이 상처를 받을까봐 고심을 하게 되는 것이다.

인간관계는 은행의 통장과 같다는 생각이 든다. 내가 평소에 저축을 많이 해둬야 어려울 때 돈을 찾는 것처럼 내가 평소에 덕을 많이 쌓고 남의 이야기에 귀도 많이 기울이고 경조사도 함께 해야 나와의 추억의 정이 쌓여 내가 정말 괴롭고 힘들때 아무렇지 않게 툭 전화를 걸며 나의 고민을 이야기할 수 있는 것이다. 평소에는 만나자고 해도 시큰둥 만남을 거부하거나 귀찮다는 핑계로 아무런 연락도 없다가 자신의 부모님이 돌아가시거나 내가 힘들다고 상대에게 연락하면 과연 그 상대는 어떤 생각을 할까? 부모님이야 부모님이기에 자식의 모든 미운점 싫은점 등을 고려하여 인간관계를 유지할지 모르지만 타인은 몇 번은 그냥 참고 견딜 수 있지만 계속 이기적인 인간관계를 요구하게 되면 끝내 그 관계는 끝나게 마련이다. 그 와중에도 자신의 잘못이나 행동은 전혀 고려하지 않은채 오히려 상대방인 그 친구에게 서운하느니 어쩌니 하는 것은 그다지 옳은 대처법이 아니라고 생각한다.

본론으로 돌아와서 아파트에 단톡방이 생기고 150여명의 사람들이 모이게 되었다. 이 단톡방을 만든 사람도 대단하다. 어떻게 이렇게 많은 사람들을 한 공간안에 모이게 했는지 대단하다. 사실 나도 서울대법대 단톡방을 운영하고 있긴 하지만 오롯이 말그대로 정보교환에 그치는 경우가 많다. 어떠한 공지를 할 때 공식적인 창구이지 현재 내가 속한 아파트단톡방처럼 시시콜콜 사소한 이야기를 나누는 장은 아니다. 그나마 여기에서는 닉네임과 자신이 속한 아파트 동호수, 그리고 나이는 공개를 했기 때문에 얼굴은 전혀 모른채 이름은 그저 닉네임만 알면서 이런저런 살아가는 이야기를 하게 된다. 비록 얼굴은 모르지만 그래도 현대인의 살아가는 고심을 이야기하고 필요한 정보를 얻는 창구역할을 하는데는 나름 성공했다는 생각이 든다.

나보다 연배가 높으신 선배분들의 말씀을 들으면서 인생을 다시 한 번 곱씹게 되기도 하고 나보다 연배가 어린 분들의 이야기를 들으면서 '아, 저런 고민이 있었구나!' 하면서 나이에 따른 각각의 인생의 문제점과 취미, 관심사 등을 조금씩 이해하게 된다. 그러면서 나이를 뛰어넘는 공감대를 형성하게 된다. 사실 가입하고 나서 1년 가까이 아무런 말도 하지 않았다. 뭔가를 이야기하기에는 너무나 조심스럽고 사실 나보다는 연배가 어린듯한 분들의 말씀에 공감대를 찾기가 쉽지는 않았다. 그냥 자고 일어나면 수백개 넘는 카톡, 그러다가 며칠이 지나서도 몇 개의 카톡이 없는 경우도 있고 무튼 천차만별인 상황에서 어떤 분들은 이런 분위기를 견디지 못하고 나가시는 분도 계시고, 또 새롭게 호기심에 들어오시는 분도 계시다.

우연찮게 계기가 되어 아파트 내에 교육이라는 이름으로 재능기부를 하게 되면서 나의 신상이 전면 공개되었다. 사실 돈받고 하는 일이 아니어서 더 조심스러운 부분이 컸다. 왜냐하면 돈을 받지 않고 하기에 너무 설렁설렁하는게 아닌가 뒷말이 나올까봐 조심스러워 하겠다고 승낙을 하고나서도 이게 잘한 행동인지 어떤지 고심이 되었고 분위기를 보고 아예 하지 않을까도 생각했다. 토요일 오전 10시부터 12시라는 공지를 띄우고 나의 약력이 소개되고 접수를 받았는데 예상외로 유치부와 초등부를 합쳐 했는데 예상인원을 훨씬 초과해서 많은 분들이 신청했다. 너무나 놀라서 결국 진행하기로 마음먹었고 우리 자녀 어떻게 하면 잘 키울지 그러한 교육방법론에 입각하여 강연하고 질문을 받는데 비가 오는 궂은 날씨에도 많은 분들이 참석하셨고 나름 최선을 다한 재능기부였다고 생각한다.

이렇게 복잡한 절차를 무사히 진행시킨 아파트 관리자분들과 아파트 입대위 리더분들이 새삼 놀랍게 느껴졌다. 사실 나도 이런 행사를 무료로 한 적이 없어서 어디까지 최선을 다해야 할지 고심스러운 부분이 있었지만 마이크부터 화면에 이르기까지 좌석배치 등등 모든 것이 쉽지 않았을텐데 코로나임에도 불구하고 준비하는 분들의 열정과 또 이를 듣겠다고 오신 아파트 입주민들의 열정이 그저 놀랄 뿐이었다.

비록 1회로 끝난 교육재능봉사였지만 누군가에게 무료로 봉사를 한다는 것은 의미가 있다고 생각한다. 이번 봉사는 방송에 나가거나 신문기사로 나가는 그런 성격도 아닌 오롯이 정말 순수한 아파트 입주민들을 위한 봉사여서 뜻깊었고 의미있었다고 생각하며 무엇보다도 나 스스로 생각하기에 아파트 입주민들과도 많이 친해진 것 같다는 생각이 들었다. 선글래스를 착용하고 모자를 쓴 채 아파트를 걸어가도 어떻게 나인줄 알고 다들 "전박사님 안녕하세요?" 하면서 인사를 건네는 모습에 당황하지만 그래도 조심스럽게 몇 동 몇호에 사시는 분인지 간단하게 안부인사 건네면서 친함을 다지곤 한다.

아파트내 재능기부 봉사 후 파파단톡방에서 모임을 제안했다. 사실 온라인에서는 마냥 이런저런 이야기를 나누었지만 오프라인에서는 또 어떤 모습일지 자못 궁금했다. 그리고 과연 몇 분이 나올지도 궁금했다. 150여분 중에서 결국 7-8분이 오셨다. 마치 선자리에 나가 자기소개를 하듯 수줍게 명함을 건네거나 본명을 밝히고 전화번호를 따면서 그렇게 친밀도는 쌓여갔고 술이 은근히 취하면서 당연히 나이에 따라 호형호제하는 관계로 급발전했다. 다들 얼마나 서먹하고 낯설었을지 안봐도 불보듯 명약관화이다. 다음날 맨정신엔 또 얼마나 민망했을지 모른다. 그럼에도 불구하고 별도의 단톡방을 또 파서 이런저런 후속조치를 취하면서 단톡방이 주는 자연스러움에 조금씩 빠져들어갔다. 그렇게 관계가 지속되어 가는 것이다. 물론 다들 바빠서 얼굴 별도로 보자고 이야기하기는 했지만 후속 모임이 자주 결성되기는 어려웠고 놀러가자는 말도 허공에 메아리처럼 공허하게 들렸지만 그럼에도 불구하고 서로를 이해하고 생각하는 마음은 조금씩 생겨가는 것 같다. 아침에 서로의 안부를 묻고 근황이야기를 하면서 친하게 되었고 또 예상치 못한 아파트내의 이런저런 문제를 해결하기 위해 모이다보면 그 멤버가 모여서 다시 인사를 나누게 되고 그렇게 나이 들어서 친해가는 법을 배우게 된다.

사실 나이들어서 친하면 얼마나 어색할까 싶지만 그 이후 또 한 차례의 번개팅에서 만난 친구들이 있는데 비록 단톡방을 별도로 파지는 않아 아쉽긴 한데 나는 여전히 그 친구들을 보고 싶고 그리워한다. 비록 나만의 착각이라고 해도 사람을 좋아하고 그들과의 교류를 통해 인생에서 또 다른 기쁨을 찾고자 하는 나에게 혹 가까운 지인들은 뭣하러 그렇게 열정과 애정을 쏟는지 이해를 못하겠다고 한다. 웃으면서 정치를 할거냐고 하는데 사실 정치를 할 것 같으면 이렇게 하면 안된다고 손사래를 친다. 그냥 단지 상대편이 그래도 아파트라는 한 공간 안에서 지내기 때문에 굳이 먼곳에 있는 친한 친구들을 급하게 만나러 가지 않아도 더운 여름날, 갑자기 한잔의 맥주가 그리울 때 번개팅을 쳐서 서로 부담없이 만나 한 잔의 술잔을 기울이며 우리네 살아가는 이야기를 할 수 있음에 난 감사를 드린다. 이렇게 몇 차례 계속 만남이 지속되고 친함이 지속되면 또 다른 인간관계가 형성될 것이라 생각한다. 억지로 친함을 가장하는 것이 아니라 자연스러운 만남 속에서 서로를 조금씩 이해하고 알아가는 것이 굳이 나쁘다고는 생각되지 않는다.

이야기 주제는 보통 아파트발전을 위한 작은 움직임부터 자신만의 투자 이야기, 좀 더 나아가면 연애이야기, 우리나라 경제 이야기 등 대화의 주제가 정말 다채롭다. 굳이 자신을 크게 내세워야 하는 있는 척을 굳이 하지 않아도 되기에 또한 그렇게 자랑질을 해야할 자리도 아니기에 그냥 가볍게 맥주 한잔에 아이스크림 하나만으로도 큰 행복을 찾게 된다.

만남은 언제나 설렘을 가져다준다. 처음에는 당연히 어색함이 있다. 낯선 자리에 나를 공개하고 나가는 것이 이 나이에 내가 왜 라는 부담감이 없다면 거짓말이다. 그런데 내가 항상 강조하는 바는 모든 인간관계는 노력이 필요하다. 가만히 있는데 뭔가 생기지는 않는다. 설령 뭔가를 바라고 하는 행동이 아니라 그래도 이 어렵고 각박한 현대사회에서 상대를 이해하고 조금이라도 알아가고자 하는 노력은 난 충분히 큰 의의가 있다고 생각한다. 그리고 왜 옛 어르신들이 이웃사촌이라고 하셨는지 이제 이 나이에 조금은 알 것 같다. 단 한잔의 맥주는 내게 충분히 그 이상의 의미가 있다고 생각한다.

벚꽃이 이제는 조용히 작별인사를 고하는 이 시점에 난 마치 사춘기 소년마냥 또 새로운 만남에 행복의 열쇠를 걸어본다. 오늘 밤에는 코끝에 일렁이는 바람이 유난히 상큼하게 느껴진다. 밤하늘의 이름모를 별들처럼 우리도 이 많은 사람들과의 의미없는 관계속에서 조금이라도 진정한 의미를 찾아보는 건 어떨까?

아프니까 중년이다

예전에는 아프다는 어르신들 말씀을 이해하지 못했다. '왜 저렇게 아프다고만 할까?'

내가 이러한 말을 하기에 그렇게 오랜 시간이 걸리지 않았다. 어느 순간부터 아픔은 나의 평생친구처럼 따라다녔다. 어느날 갑자기 자다가 배가 찢어지는 고통과 함께 잠을 이룰 수가 없었다. 땅바닥을 헤매며 마치 사경을 헤매는 고통을 밤새 겪었고 그러다가 다시 말짱해지고 정말 이런 상황과 고통을 어떻게 설명해야할지 몰랐다. 결국 새벽에 자다말고 응급실에 찾아가 원인을 찾고자 했다. 몸에 돌이 생겨 돌을 제거해야 한다는 것이다. 원인은 다양한데 아무래도 기름진 육류를 많이 섭취해서 그런 듯 싶었다. 병명은 요로결석이었고 요관에 돌이 차서 쉽게 소변이 빠져나가지 않는 것이다. 온몸을 기계로 때리는 기법을 통해 돌을 부수는데 너무나 아파서 눈물이 절로 나왔다. 인간은 망각의 동물이란 말인가? 이렇게 힘겹게 수십번의 시술을 하고 나서도 여전히 고기를 먹는 나를 보면 바보인 것 같다. 이후 신장에 돌이 생겨 신장결석

제거술을 받았고 어느 순간엔 운전하다 말고 계기판의 숫자도 보이지 않아 망연자실한 적도 있다. 너무나 힘들어 그저 멍하니 울고 말았다. 병원에 가서 검사를 해보니 노안은 당연한 현상이고 게다가 안구건조증에 다리가 아프고 발이 아파서 걷지를 못하는 족저근막염, 가장 엄청난 질병은 급성당뇨였다. 화장실에 자다 말고 수십번을 찾게 되는 방광염과 전립선염증은 그저 귀여운 질병이었다. 어깨가 아파서 팔이 제대로 올라가지 않는 오십견도 당뇨에 비하면 깜찍한 질병이다.

진료를 받으면서 기억에 남는 의사선생님들이 계시다. 그 중 분당서울대병원 김주영 선생님은 나에게 정말 참된 의료인상을 제시한 모범적인 선생님이라 할 수 있다. 그 분의 장점은 환자로 하여금 늘 긍정적인 사고를 하게 만든다는 것이다. 사실 나도 교육자이다보니 학생들로 하여금 늘 긍정적인 사고로 열심히 하도록 칭찬을 하고 북돋아주곤 한다. 의사선생님 역시 나로 하여금 늘 긍정적인 사고로 충분히 질병을 이길 수 있도록 독려해주셨고 무엇보다 건강에 대해 확실한 관리를 하도록 전방위적인 진료를 받도록 늘 수고하셨다.

어느날 걸려온 전화 한통은 그럼에도 불구하고 나를 충격에 휩싸이게 만들었다.

“여기 분당대 서울대 병원인데 더 이상 김주영 선생님은 나오지 않으세요.”

“네? 왜요? 무슨 일인데요? 어디 가세요?”

“사실 개인적인 사정이라 저도 잘은 모릅니다. 다만 7월에 예정된 진료에 다른 분이 하신다는 것을 말씀드릴 뿐입니다”

하늘이 무너진다는 생각을 최근에 처음 한 것 같다. 물론 다른 분이 잘 진료를 하신다고는 하셨지만 이렇게 마지막 작별 인사도 없이 나를 떠난다고 생각하니 마치 사춘기 소년마냥 무척 슬프고 괴로웠다. 어디에 가시든지 물론 잘하시겠지만 이제 겨우 선생님과 마음을 터놓는 사이가 되어 이것저것 같이 상담하고 논의했는데, 많이 힘들었다.

나도 학교를 관둔다고 했을 때 많은 학생들이 나를 그리워하고 입시에 대해 걱정했던 기억이 난다. 그래도 나야 학생들에게 이별할 때 마지막 인사라도 해서 다행이었지만 나의 경우는 너무나 당황스러웠다. 내 기억에 한 동안 아프고 슬픈 이별로 기억될 것 같다.

반면, 정형외과 젊으신 의사선생님은 늘 나에게 옷을 잘입는 베스트드레서니 하면서 환자를 참으로 편하게 해주는 분이다. 나보다 젊은 의사선생님이라 나름 귀엽기도 하고 늘 발랄하고 활발한 진료와 치료, 무엇보다 과잉진료가 없이 꼭 필요한 자신만의 의사로서의 기준에 맞추어 진료를 하기에 단기간에 그렇게 많은 환자가 늘었나보다 그런 생각이 들었다.

사실 의사로서 환자를 진료하는 것은 내가 생각하기에 엄청난 실력차이는 없지 않나라는 생각인데 물론 전문가적 차원에서 보면 당연히 엄연히 큰 차이가 날 거이다. 그냥 평범한 사람의 입장에서 생각해보면 다만 환자와의 라포형성에서 얼마나 친밀도를 높이느냐 그 차이라는 생각이 든다. 환자의 괴로움과 힘듦을 잘 이해하고 잘 치료해주시는 분이 좋으신 분이다.

이런 면에서는 분당서울대병원 비뇨기과 오선생님도 너무나 훌륭하신 분이라고 생각한다. 그렇게 큰 목소리는 아니지만 정확하게 진단하고 편안하게 환자를 치료하는 모습이 무엇보다 인상에 기억에 남는다.

예전에 치과 진료를 받을 때 사랑니가 매복된 상태에서 누워서나 아무도 나를 돌보지 않는 상황에서 유일하게 나의 사랑니를 치료해주셨던 치과의사선생님도 기억에 남는다.

이제는 세월이 흘러 나의 제자들이 의대를 졸업하고 현장에서 환자들을 진료하며 돌보고 있다. 힘든 과정을 극복하고 이제 의엿

한 의사선생님이 된 제자들이 너무나 자랑스럽다. 다들 바빠서 자주 보지는 못하지만 그래도 가끔씩 만나 식사를 하면서 이런저런 이야기를 들려주는데 힘든 과정은 있지만 그래도 의사로서 이제 조금씩 사명감을 느낀다고 했다. 그리고 환자를 돌보는 과정에서 은근 희열을 느낀다고 하니 의사는 천성적으로 타고나는가 그런 생각도 들었다. 자기희생과 고통을 승화해야 오롯이 의사선생님이 된다는 생각이 든다.

아프니까 청춘이다는 정말 말그대로 정신적인 고통을 감내해야만 한 단계 성숙해질 수 있다는 말이라면 아프니까 중년이다는 말은 몸이 나이가 들수록 노쇠현상이 발생하는데 이를 너무 슬퍼하거나 고통스러워하지 말고 자연스런 인생의 이치이므로 담담하게 받아들이고 이를 치료하는데 치중하고 병원을 자주 방문해야 한다는 뜻이다. 사실 아프다고 해도 괜찮겠지하고 생각해서 병원을 찾지 않는 친구들이나 후배들이 많다. 그런데 내 경험상 병원이랑 친해야 무조건 조금이라도 덜 힘들다는 점이다. 나이가 들면서 나타나는 노쇠현상을 마냥 우울하게 바라보며 혼자 극복한다는 것은 미련한 짓이다. 아프면 곧장 병원에 가는 것, 이것이 바로 중년을 잘 극복하는 한 가지 방법이다.

아내의 유방암

아내가 청천벽력같은 질병을 진단받았다. 너무나 힘들고 고통스럽다. 왜 신은 나에게 이렇게 끊임없이 고통을 주실까 그런 생각이 들었다. 어느 누구에게도 이런 고통을 말하고 싶지 않았다. 왜냐하면 왠지 이런 얘기를 하면 상대가 부담스러워할 거라는 우려가 먼저 들었다. 그리고 나를 행여 애처롭고 불쌍하게 바라보면 나는 어떤 느낌이 들까라는 별별 생각이 나를 사로잡았기 때문이다.

그러다 문득 친한 변호사 동생에게 전화를 걸었다. 몇번이나 망설이다가 전화를 걸어 오늘 시간되냐고 물었다. 그 전에 이미 친한 단톡방에 살짝 언급을 했기 때문인지 그 동생은 아무런 부담없이 이제 저녁식사할 생각이었다며 곧장 직장에서 나와 선릉역 근처에서 만났다. 나를 보면서 어색해할까봐 오히려 내가 농담아닌 농담을 건네며 어색함을 무마하고자 했다.

"형님, 괜찮으시죠?"

사실 괜찮지는 않지만 그래도 괜찮은 척 연기를 했다. 가까운

이자카야에서 가볍게 술잔을 기울였다. 안주라고 해야 나가사끼 짬뽕 국물이었지만 이런저런 이야기를 나누며 공감대를 형성했다.

사실 그 친구의 아버님도 얼마전에 작고하셔서 그 누구보다도 나의 심경을 잘 이해하는 것 같았다. 당시 동생은 나한테만 전화를 걸어 자신이 얼마나 힘들고 고통스러운지 이야기를 나눴다. 이런저런 경험이 많은 덕분에 난 누군가를 위로하고 달래는 데는 전문가적 기질이 있어서 무엇보다 상대의 아픈 마음을 헤아리는 특출한 능력이 있어서 함께 이런저런 이야기를 나누며 힘겨운 시간을 함께 한 기억이 난다.

어느날 걸려온 전화는 이 친구아버님의 부고소식이었다. 우선 단톡방에 살짝 부고를 알린 채 무작정 전주행 기차에 몸을 실었다. 익산까지 가서 다시 택시를 타고 장례식장을 가는 내내 많은 감정이 교차했다.

그 언젠가는 다른 친한 후배의 장례식이 이 전주에서 있었는데 계절의 절기만 다를 뿐, 같은 느낌으로 다가왔다. 한참을 달려달려 드디어 장례식장에 도착했다. 아직 많은 조문객들이 오지 않아 다소 썰렁한 느낌마저 들었지만 평소 제수씨와 안면을 트고 지낸 사이인지라 그날따라 날 더더욱 반갑게 맞아주었다. 거의 7시간 동안 함께 이런저런 이야기를 나누며 살아온 이야기, 그리고 혼자 남으신 어머님을 달래며 그 낯선 공간에 함께 했다.

슬픈 추억을 함께 한 기억이 누군가와의 관계를 더더욱 돈독하게 한다고 생각한다. 오죽하면 결혼식은 못가도 장례식은 무조건 가라는 한국의 속담이 있다. 그 말처럼 장례식에서는 더 많은 슬픔이 교감되고 이 아픔을 극복해야 하는 또 다른 과제가 있기 때문에 그 누군가의 위로는 정말 큰 힘이 된다고 생각한다.

이제는 나에게 큰 슬픔이 닥쳤고 난 이를 오롯이 나 혼자의 힘으로 극복해야 한다. 물론 환자인 본인도 힘들고 고통스럽겠지만 환자를 돌보는 나도 거의 나의 사생활이 사라진채 오롯이 환자돌보기에 몰두해야 한다. 6차에 걸친 표적항암치료는 물론 뒤이은 수술과 방사선 치료에 이르기까지 얼마나 많은 시간을 고통속에 살아야할지 벌써부터 걱정이 앞서지만 따지고보면 지금까지 얼마나 많은 시련과 고통이 있었는지 너무나 잘 알기에 이를 잘 극복하고자 매일 스스로 체면을 건다.

고백하자면 유방암이라는 최종 진단을 통보받기 전, 그 기다리는 시간이 오히려 통보를 받았을때보다 더 힘들고 무섭고 고통스러웠다. 제발 암만은 아니길 간절히 바라고 희망하며 기도를 드렸다. 하지만 내 바람은 너무나 큰 기대였는지 결국 암판정은 내려졌고 그 때부터는 오로지 극복하는 방안에만 몰두했다.

누구나 사람은 다 두려움에 살아간다. 미지의 세계에 대한 두려움과 걱정에 누구나 걱정을 안고 산다. 다만 차이점이 있다면 이 두려움을 얼마나 잘 견뎌내고 내색하지 않고 살아가는가 그 차이점이 있을 뿐이다.

막상 미지일 때는 힘들고 두렵지만 닥치면 이에 대한 해법을 찾기 위해 노력하는 게 또 인간이다보니 나 역시도 그러한 과정을 겪으면서 많이 단련된 듯 싶다.

하루하루 파랑새를 찾을 수는 없지만 그래도 파랑꿈을 꾸며 난 오늘도 희망이라는 단어를 되새김질 하고 있다.

삶에 대한 태도

두 가구 배달원의 삶에 대한 태도

생각지도 않은 이사에 전혀 마음의 준비와 실질적인 준비가 되어 있지 않은 채 어쨌든 강제적인 이주가 이루어졌다. 너무나 허탈한 마음 메꿀 수가 없지만 정부 시책은 따라야 하므로 그냥 운명이려니 생각하고 작은 평수의 아파트로 이사를 했다. 기존에는 60평에 살다가 30평형으로 이사를 하려니 여러가지 복잡한 문제가 컸다. 무엇보다 수납할 공간이 작다보니 이것저것 챙길 것이 한두가지가 아니다. 그 중에서도 그 많은 옷가지를 걸만한 붙박이장이 없기에 옷은 그냥 널부러져있기 일상이었다.

그러던 중 우연히 방안 공간의 자투리공간을 활용하여 옷을 걸 수 있는 붙박이장 형태의 행거를 알게 되었다. 물론 장농처럼 사방이 막히지 않아 먼지에 노출될 우려는 있었지만 그럼에도 바닥에 옷을 두는 것보다는 좋은 것 같아서 주문을 했다. 보통은 주문을 하면 일찍 와서 일을 진행하는데 코로나여서 그런 것인지 아니면 너무나 인기가 많아 주문량을 못 맞추는지 이유야 어쨌든간에 배달이 주문후 거의 2-3주가 지나서 이루어졌다.

오늘 하고 싶은 이야기는 같은 회사에 주문을 해서 물건은 동일한테 이를 설치하는 기사님에 따라 내가 느끼는 감정은 하늘과 땅 차이였다는 것이다. 처음 주문했을 때 오신 분은 미국에서 갓 오셨다는 분으로 그 전날 미리 약속을 정하고 전화번호를 저장했기에 당연히 내 카톡에 그 분의 프로필 사진이 떴다. 미국의 그랜드캐년을 배경으로 찍은 사진이 무척이나 인상깊에 느껴졌다.

실제 집에 오셔서 가구를 설치할 때 미국에서 경험한 일들을 진솔하게 얘기를 해주셨다. 그러면서 하시는 말씀이 이러한 가구 설치 사업이 미국에서 먹힐 것 같지 않냐며 은근히 사업설계에 관한 이야기도 자문을 구했다. 마치 몇 십년을 안 친구처럼 편하게 대하며 말이다.

사실 나보다 연배가 훨씬 어린 줄 알았는데 긍정적인 사고로 친근하게 생활해서 그런지 놀랍게도 그 분은 실제 나보다 5살이나 많았다. 너무나 깜짝 놀랐다. 머리숱 많은 것부터 시작해서 피부 상태까지 전부 나보다 동안이라는 느낌이 들었다. 살면서 나보다 동안인 분들은 그렇게 많이 접하지 않았기에 그저 놀랄 따름이었다. 그러면서 하시는 말씀이 어떻게 자기가 미국에 다녀온 줄 아냐고 오히려 놀라는 투로 질문을 했다. 그때 그 전날 전화온 것을 저장했더니 자연스레 카톡 프로필을 확인할 수 있었다고 말씀드렸다.

한국에 어쩔 수 없이 돌아왔는데 곧 상황봐서 다시 미국 누나네 집으로 갈것이라고 했다. 비록 누나가 사는 동네가 너무 좁아서 자신의 행동반경이 드러나 불편한 점도 있지만 그래도 미국에서의 자유로운 생활이 그립다고 했다. 1년간 미국에서 생활하는 동안 많은 것을 느꼈고 뒤늦은 나이지만 그래도 그곳에서의 삶을 새롭게 시작하고 싶다고 했다. 일하는 내내 그저 즐겁고 신나는 마인드로 콧노래까지 부르며 일에 몰두하는 모습이 굉장히 멋있다고 생각했다.

반면 같은 가구회사 직원임에도 불구하고 다른 한 분은 오시자마자 짜증부터 냈다. 이것 이 방에 들어갈 규격이 맞는지 정확하게 확인하고 주문한 것인지 다짜고짜 따지듯 물었다. 그래서 정확하게 240이라고 말씀드리면서 설치하는데 문제가 없을 것이라고 했더니 그 다음에는 그 규격에 정확하게 맞으면 또 설치를 못한다며 으름장을 놓았다. 그래서 그러면 정확하게 안맞으면 주문서에 안된다고 기재를 하지 왜 이제 와서 안된다고 하냐며 그냥 그 자리를 피했다. 괜히 이야기를 해봤자 언성이 높아지고 다툼이 발생할 것 같아서 그냥 피해버리고 말았다. 예전의 젊은 나이 같으면 굳이 하나하나 따지면서 뭐라고 했을텐데 세상 살다보니 너무나 다채로운 사람도 많고 방송에도 연일 비정상적인 사람들의 과격한 행동을 목격했기에 그냥 다툼의 소지를 없애고 싶었다.

뒤돌아서는데 갑자기 화가 치밀어 내가 너무 물러보여 저렇게 함부로 하나 싶어서 애꿎은 우리 빌리한테 짖지말라며 화를 냈다. 그럼에도 분이 가라앉지는 않았다. 처음에는 안된다고 난리치길래 그러면 침대위치를 바꿔서라도 설치하게 해드릴테니 하시는 일에 몰두하라고 했다 결국 이러쿵저러쿵 불만에 섞인 목소리로 투덜거리더니 설치한 이후 오히려 빈공간이 옆에 남을 정도였다. 괜히 심술을 부리고 화를 낸것이 무안하고 미안했던지 설치하고 나니까 멋있네요 하며 이내 자리를 떠났다. 사실 일을 하실때 더울까봐 음료수도 건넸지만 괜찮다고 절레절레 고개를 흔들길래 나한테 담뱃값이라도 원하는것인지 별의별 생각이 다 들었다.

사실 최근 들어서는 고객한테 이렇게 갑질을 하시는 분을 뵌적이 없는데 참 특이하다는 생각이 들면서 그분이 계속 이어나가는 대화의 패턴을 분석해봤다. 그런데 그분은 아니나 다를까 어느 아파트에 방금 시공하고 왔는데 아파트가 너무 구리다는 둥 정말 불평이 계속 이어지는 것이 아닌가?

사람이 살다보면 내가 하는 일에 만족을 못할 수도 또는 잠시 하는 일이긴 하지만 그 일에 기쁨을 느끼고 즐겁게 하는 두가지

타입이 있다. 내가 느끼기엔 일단 나의 생계가 달린 문제이고 내가 누군가의 녹을 받으며 일을 하는 이상 나는 그 기업이나 업체를 대신하는 메신저나 외교관의 역할이라고 생각하며 최선을 다해야 한다고 생각한다. 그리고 내가 하는 일이 결국은 나를 먹여 살리는 일이므로 그 일에 감사를 하고 최선을 다해야 한다. 그렇게 될 때 내가 하는 일이 덜 힘들고 즐겁게 느껴지며 삶 자체가 행복하게 생각되기 때문이다. 피할 수 없다면 즐기라는 말이 괜히 있는 것이 아니다. 하루의 일상에서 감사일기를 3번이라도 외치고 기록할 수 있다면 나의 삶이 보다 즐겁게 매듭지어질 것이다.

세상에 직장이 뭐가 그리 즐거울 것인가? 돈을 주는데 쉽게 일하게 할 것인가? 놀이동산을 가는것이 아니라 우리는 돈을 벌러 직장에 간다. 그말은 놀이동산은 내가 돈을 쓰면서 기쁨을 찾는 것이고 직장은 내가 돈을 벌기위해 그만큼 그에 따른 희생이나 고통이 수반되는데 문제는 이를 얼마나 긍정적인 사고로 전환시켜 빨리 태세전환으로 사고를 긍정적인 수준으로 업그레이드시키느냐이다.

내 삶의 주인공은 나이기에 내가 어떻게 하느냐에 따라 내 삶이 어떻게 자리매김할지 결정되는만큼 매사에 보다 즐겁고 긍정적인 사고로 생활하면 좋겠다는 생각이 든다.

집 없으면 이제 장가도 못간다면서요?

대한민국에 이제 집은 더 이상 평범하게 구할 수 있는 재화가 아니다. 물론 과거에도 집사기가 어려웠는지 모르지만 최근만큼 젊은 청춘들이 집사기가 어려웠을까 따져보면 절대 그렇지 않다. 그래도 직장생활하면서 저축하면 아파트 한 채는 언젠가 살수 있다는 희망이 있었다. 지금은 제자들을 만나 이야기를 나눠봐도 집에 대한 희망과 기대가 없다. 부모 잘만나서 돈이 많은 친구들이면 모를까 그렇지 않은 경우는 월급 받아서 그것도 강남에 집을 산다는 것은 현실적으로 불가능하다.

학부모님들과 간혹 만나서 이야기를 나눠도 다들 한결같은 말씀이 이제 집없으면 아들 장가도 못보낸다는 말을 공공연히 하신다. 충분히 공감대가 가는 말씀이다. 그런데 어디 한 두푼이어야 집을 사든가 말든가 하는데 강남은 이제 넘사벽이고 평당 1억은 훌쩍 넘어간다.

다행히 부동산에 조금 관심이 있어서 제자들을 만날 때 예전보다는 좀더 현실적인 조언을 하게 된다. 최근 의대를 졸업하고 병원에 취직한 제자를 보면서 이제 어떻게 앞으로 살아갈지 물어봤다. 당연히 화두는 집이었고 예전에는 내가 이런 얘기를 해도 그저 뜬구름이라고 생각했는데 이제 직장을 가지고 생각해보니 선생님의 말씀이 다 옳았다는 생각, 그럼에도 불구하고 아직 넘 어려워서 잘모르겠다는 이야기 등등이 계속 이어졌다. 결국 LTV, DSR 같은 용어와 주택을 어떻게 구입하는지 그 절차 등등에 대해 이야기를 해줬다. 대출을 받아서 집을 사야하긴 하는데 요즘은 금리가 비싸서 걱정이라는 둥, 부모님한테 증여를 받을 경우 5천만원선만 가능하다는 사실, 그리고 현재의 직장에서 받는 봉급에 견주어 어느 정도 대출이 가능하며 신용대출은 이제 풀려서 얼마를 받을 수 있는지 등등 많은 이야기를 나누며 결국 입지선정에 고심을 했다.

앞으로의 방향성에 대해 한참을 이야기한 후 현재 상황에서 아파트는 불가능하고 결국 아파트를 대체할 수 있는 다세대 주택인 빌라를 매입하자고 제안했다. 사실 빌라라고 생각하면 살 때는 모르지만 매매할 때 아예 일명 똥값이라고 생각되어 거들떠보지도 않는다는 편견 때문에 보통 사람들의 외면을 받았지만 최근에 급등한 아파트값에 이제 빌라도 충분히 살만한 곳이라는 생각으로 조금씩 사고가 전환하게 되었다. 빌라가 아니면 원룸에 살아야 하는데 그보다는 빌라가 그나마 낫다는 것이다. 빌라를 구입하는 과

정도 쉽지는 않지만 그 중에서 옥석을 가려 역세권에 위치하고 행여 재개발의 호재가 될 수 있는 곳을 선정해서 부동산에 전화를 걸어 일을 진행했다. 다행인지 마지막 매물이라며 1개를 권해주셨고 제자는 부모님과 며칠을 상의한 끝에 결국 빌라를 매수하게 되었다.

사실 이 친구는 고등학교 1학년때부터 나를 잘 따랐고 나 역시 아들처럼 이뻐한 제자였기에 거의 10년이 넘는 시간동안 줄곧 인연을 맺어왔다. 의대진학부터 시작해서 졸업하고 취직하는 이 순간까지 그래도 함께 했기에 애정이 남다른지도 모른다. 어머님은 사실 한 번도 뵌적이 없고 이번에 집을 사면서 어쩔 수 없이 이런저런 도움을 줘야 했기에 통화를 한 후 부동산에서 계약서를 쓰는 날 처음 뵙고 인사를 나누었다. 너무나 멋지신 분이었다. 너무나 훌륭하게 혼자 몸으로 3자녀를 서울대인문, 연세대 경영, 중앙대 의대를 보낸 존경할만한 분이시다.

너무나 감사하다며 장어를 대접하시는 어머님께 그저 좋아서 하는 일이라며 너무 미안해하지 말라고 말씀을 드렸다. 의사인 제자와 그의 누나까지 모두 4명이 한 자리에 모여 도란도란 이야기를 나눴다. 덕분에 아들 집까지 장만하게 되었다며 이 은혜를 어찌 갚을지 모른다고 연신 감사함을 표하셨다. 그런데 내가 좋아해서 하는 일이라 정말 제자가 잘되는 것만으로도 감사했다.

다른 한 제자 역시 같은 지역에 빌라를 샀다. 명문대 경영학과를 졸업하고 해외투자회사에 인턴을 마치고 취직한 이 친구는 연봉이 무려 1억이 넘었다. 초봉인데 이 정도이면 엄청난 금액이라고 생각한다. 물론 해외 명문대를 졸업한 제자들은 초봉이 2억에서 3억인 친구도 봤지만 무튼 국내명문대를 졸업하고 이 정도 받는 친구는 최근에 드물었다. 아무리 서울대로스쿨을 졸업하고 외교관시험에 합격하여 취직을 해도 사실 공무원이다 보니 돈은 그렇게 많지 않아 늘 전전긍긍하는 경우가 많았는데 초봉이 이 정도이니 어머님께서는 이러다 사치를 하는게 아닌가 걱정했다.

매물 정보를 소개해 드린 후 부모님께서는 그날 고심하다가 결국 임장가셔서 직접 눈으로 확인후 충분히 메리트가 있다고 느끼셔서 계약했다고 말씀해주셨다. 물론 언제 재개발이 이루어질지 모르지만 직장에서 교통이 편하고 가까워서 너무나 좋고 이렇게 부동산에 돈을 묶어둬야 아들이 딴 생각하지 않고 저축할 것이라는 말씀도 함께 하셨다.

사람의 인연은 정말 어떻게 하느냐에 따라 달린 것 같다. 나도 이 친구들을 그냥 학교에서만 가르치고 그 뒤로 보지 않았다면 지금까지 인연이 계속되지 않았을 것이다. 그렇다면 이 친구들은 부동산에 대한 아무런 정보도 없이 도움을 받지도 못했을 것이다. 부모님들께서는 연신 고맙다고 말씀하시는 이유가 이렇게 일반인들이 접근하기 어려운 부동산에 대해 나름 해박한 지식과 정보를 가지고 자신들을 도와주어 그저 고마울 뿐이라는 것이다.

그런데 세상에 공짜는 없다고 나 역시 부지런히 발품팔고 노력한 덕분에 그나마 이런 정도의 지식과 정보를 가졌다고 생각한다.

앞으로 제자들이 살아갈 세상은 지금보다 더 좋았으면 한다. 그리고 항상 하는 얘기지만 인연은 서로 만들어가기 위해 노력을 해야 함을 오늘도 강조하고 싶다. 설령 뭔가를 얻기위해 바래서가 아니라 단지 인간과 인간, 사람과 사람과의 온전한 행복을 위해 서로 노력하자는 말이다.

내 마음이 타들어가고 있어요!

조금씩 나이를 들어가면서 내 주변에서 일어나는 사회현상에 대해 조금씩 더 관심을 갖게 되었다. 예전에는 호주에서 산불이 났다고 해도, 또는 가뭄이 발생했다고 해도그냥 그러려니 생각했다. 왜냐하면 당장 나한테 해당되는 일이 아니므로 그다지 영향력이 없었고 굳이 그러한 일까지 신경쓰기에는 내 삶이 너무 팍팍했기 때문이라고 생각든다.

그런데, 최근에는 비록 나한테 직접적인 영향을 끼치지 않아도 주변에서 일어나는 일에 조금씩 관심을 갖기 시작했다. 특히 울진 산불과 동해 산불은 나에게 심한 충격을 안겨주었다. 물론 예전에도 남대문이 소실될 때 울컥 아니 솔직히 얘기해서 대성통곡한 적이 있었지만 이번 산불은 매일매일 기도하는 마음으로 어서 빨리 불씨가 진화되기를 간절히 기도드렸다.

인간의 부주의한 실수 하나로 얼마나 많은 생명들이 고통을 당해야 하는지 갑자기 화가 나기 시작했다. 처음에는 며칠이면 끝날 것 같았던 산불이 연일 더 거세지면서 우리나라 임야 전체를 뒤

덮을 기세로 크게 번지기 시작했다. 솔직히 헬기가 출동해서 물을 뿌리면 당연히 불이 꺼지겠지 생각했는데 의외로 산불끄기는 쉽지 않았다. 특히 산간지형에서 발생한 산불은 일단 진입자체가 어렵고 자그마한 불씨가 남을 경우 다시 크게 재발할 수 있으므로 일일이 소방대원이 진입해서 도구를 이용해 불씨를 꺼야 한다. 화면에서 비치는 소방대원의 화재진압장면은 그저 나를 먹먹하게 만들었다. 물론 직업이니까 당연히 불을 꺼야되는게 아니냐고 하겠지만 그러기에는 목숨을 내건 사투였기에 소방관들에 대한 대우는 좀더 많이 개선되어야 하는게 아닌가 그런 생각이 들었다.

활활 타오르며 절대로 꺼질것 같지 않았던 화마는 결국 우리나라 최장 기간 발생한 산불로 기록되며 종결되었지만 이로 인한 피해와 고통은 수많은 이재민을 낳았고 그 슬픔은 아직 한반도에 가시지 않은 분위기이다. 송이밭에서 넋놓아 울부짖는 어르신의 한숨섞인 대성통곡은 보는 이로 하여금 얼마나 심각한지 그 상황을 조금이나마 깨닫게 해주었으며 화면에 비치는 가축들의 화마에 그을린 상처는 당시 얼마나 산불이 거셌는지 보여주기에 충분했다. 말못하는 짐승들은 또 얼마나 힘들고 아픈 고통속에서 목숨을 잃어갔을지 감히 짐작도 못하지만, 인간의 부주의가 주는 댓가는 그야말로 상상 그 이상임을 눈으로 확인하게 되었다.

그럼에도 불구하고 신문에서 기사를 읽다보면 댓글에서 정치색을 드러낸 말도 안되는 비아냥이 난무했고 사람의 고통을 즐기는 듯한 네티즌들의 반응에 울분이 치솟았다. 슬픈 일에는 같이 슬퍼하고 기쁜 일에는 같이 기뻐하는게 인지상정이거늘, 도대체 인간의 본심에는 뭐가 들어 있는지 궁금해지기까지 했다. 타인의 고통을 즐겨하는 사람이 그럼에도 자신의 고통에는 너무나 한없이 너그럽고 아파하는 장면을 보면 인간의 탐욕과 이기심이 얼마나 극에 달하는지 알 수 있다.

얼마전 있었던 산 정상석의 비석을 넘어뜨리고 손상을 입힌 경우도 결국 조사를 해보니 레스토랑에서 근무하는 알바생이 우연히 화면에서 타인들이 산정상에 올라가 정상비석을 배경으로 행복해하며 사진찍는 모습에 울분이 터져 재미삼아 범행을 자행했고 연일 보도되는 방송에서 이슈가 되는 것을 보며 은근히 쓰릴을 즐겼다고 하니 놀라운 마음 금할길 없다. 도대체 사회가 어떻게 변해가길래 이토록 양극화현상이 심화되었을까 그런 생각이 들기도 하고 사회가 이들을 도대체 어디까지 보듬어주어야 하는지 많은 생각이 들게 했다. 결국 이런 울분장애가 자신만의 피해가 아닌 타인의 생명까지 위태롭게 할 수 있음을 생각해볼 때 그나마 이선에서 범행동기가 드러나고 수사망에 걸린 것만으로도 감사를 해야 한다는 생각이 들었다.

고의로 산불을 저지른 경우든 부주의로 저지른 경우든 아니면 산정상석을 타인이 행복해한다는 이유 하나만으로 훼손한 경우든 이 모든 현상을 놓고보면 더불어 함께 살아가는 세상에서 우리 모두가 조금만 타인을 배려하고 존중하는 마음이 들었다면 감히 생각지 못할 행동이라고 생각한다. 내가 무심코 던지는 말한마디. 행동 하나가 혹 우리 자녀에게 영향을 주지는 않았는지 깊이 고심하고 반성해야 한다.

산불이 일어났을 때, 자신의 열일을 제쳐두고 산불을 진화하는 분들을 위해 또는 이재민을 위해 생업을 뒤로 한 채 현장에서 도와주시는 분들을 지켜보면 그래도 우리나라가 살만하다는 생각이 들었다. 또한 십시일반 작은 정성을 보태 어려움에 처한 분들을 돕는 따뜻한 마음씨에 마음 한 켠이 따뜻하게 녹아내리는 묘한 감정마저 들었다.

타인이 괴로울 때 최소한 그 분들의 심경을 이해하고자 노력하고 비록 큰 힘은 못되더라도 따뜻한 말한마디라도 건넬 수 있는 사회적 분위기가 일반화되면 얼마나 좋을까 그런 생각이 들었다.

검정고시로 해외유학 간다구요?

워낙 모임을 좋아하다보니 자주 모임을 만들어 사람들과 만나는 것을 좋아한다. 비록 화려한 파티는 아니라고 해도 그저 음식 몇가지만 해놓고라도 서로 조촐히 생일파티를 한다든지 살아가는 일상을 이야기 하곤 했는데 어느날 친한 친구가 또 다른 친한 친구를 데리고 왔다. 썩 좋아보이는 인상은 아니지만 미국 유학을 다녀와서 현재는 스쿨푸드를 2개 경영하고 있는 친구였는데, 나름 자신만의 확고한 철학은 있어 보였다. 한 때는 청담동에서 잘 나가는 헤어샵을 운영했다고 하는데 현재는 외식산업에 뛰어들어 생계를 유지하고 있었다.

대한민국에서 교육만큼 이슈가 되는 화두가 없는만큼 이 친구에게도 정말 세상에서 눈에 넣어도 아프지 않을 사랑스런 딸이 한 명 있었다. 너무나 착하고 반듯한 이 친구 딸은 여느 학생과 다르게 예의가 반듯하고 말도 예쁘게 해서 누구나한테 사랑받을 친구였다.

친함이 깊어감에 따라 이 친구는 나에게 자신의 자녀 교육상담을 부탁했고 난 결국 여러가지 변수를 고려하여 고등학교 진학이 아닌 검정고시를 제안했다. 사실 고등학교 진학해서 뺑뺑이도는 반복된 삶을 이 친구는 자신의 딸한테 시키고싶지 않았던 것이다. 게다가 한달에 교육비만 몇 백만원 써야 하는 교육현실에 심한 자괴감을 느끼며 설령 그렇게 투자를 한다고해도 결과가 어떻게 될지 오리무중인 상태에서 이 친구는 여러가지 변수를 고려하여 나한테 자문을 구한 끝에 고등학교 진학을 과감히 포기하고 검정고시를 통해 대입자격을 얻은 후 영어공부를 열심히 하여 토플 120점 만점 중 최소 80점을 목표로 오로지 영어공부만 올인하여 대입을 준비했다.

성적이 제대로 나오지 않는다며 하루가 멀다하고 나한테 이런 저런 이야기를 전하며 교육을 상의했다. 나야 몇 십년 해온 일이 교육이다보니 앞이 보이는 일인데 이 친구는 전혀 준비가 되지 않은 상태에서 과감히 결정을 내려 진행한 일이라 매사 하나하나 신경쓸 일이 많아 보였다. 그렇게 시간이 흘러 검정고시를 패스하고, 영어 토플 점수를 획득한 후, 영어인터뷰와 에세이 작성을 거쳐 결국 송도에 소재하는 대학교에 입학을 하게 되었다. 혹자는 분교라고 다소 폄하할 수 있지만 내가 봐서는 한국의 SKY를 나오는 것과 견주어 오히려 이쪽 대학들의 커리큘럼이 좋지 않나 할 정도로 나름 후한 점수를 준다. 이유는 간단하다. 글로벌 사회에서 최소한 영어만큼은 확실하게 공부할 수 있고 비싼 등록금이 조금 마음에 걸리긴 하지만 해외유학이나 어학연수를 간다고 생각하면 전혀 아깝지 않은 학비라고 생각한다. 다양한 전공을 영어로 학습할 수 있고 한국에서 기숙생활하면서 3년 공부한 후 마지막 1년은 미국 본교에서 공부할 수 있는게 난 엄청난 축복이라고 생각한다.

외대부고 국제커리큘럼을 직접 관여하고 12년간 학교에 재직하며 수많은 제자들의 발전과정을 지켜보고 심지어 국제반이 아니지만 뜻한 바가 있어 유학을 간 제자들을 바라보고 이들의 성장을 지켜봤기 때문에 난 부모님들의 여건만 허락하면 과감히 유학을 시도해보라고 권유한다. 이제 좁은 한국사회의 커리큘럼에서 벗어나 보다 더 큰 사회의 선진문물을 미리 습득하고 국제사회에 도전하는 것도 나는 바람직한 사회현상이라고 생각한다.

그렇게 이 친구 딸은 현재 대학교에 진학하여 대학생활을 만끽하고 있다.또래 친구들보다 한 해 먼저 대학낭만을 즐기는 것도 인상적이고 한국의 찌든 입시를 경험하지 않고 나름 즐기면서 공부를 했기에 본인 스스로도 무척 만족해하는 것 같다.

세상에 길은 너무나 많다. 기존에 일반화된 방법을 통해 그 길을 따라 앞으로 나아가느냐 아니면 도전의식을 갖고 새로운 길을 개척하며 가느냐가 관건인데 전문가의 도움을 받아 쉽게 그 길을 갈 수만 있다면 굳이 도전이라는 거창한 말을 하지 않아도 앞으로 전진할 수가 있다. 물론 내가 제안하는 교육방법과 대학진학방법이 전부 옳다고는 생각하지 않지만 그래도 최소한 몇 십년 한분야에서 계속 이 길을 걸어오며 나름 연구했기에 그토록 많은 부모님들이 나를 신뢰하고 내가 제안하는 길을 따라가는 것이 아닌가 그런 생각이 들었다. '얼마나 많은 사례를 바라보며 결론을 도출했을까?' 그런 생각을 하시는 것 같다. 개개인마다 처한 상황과 개인적인 스토리가 있는데, 단지 전화를 걸어 나에게 해답을 요구하는 경우 난 과감하게 전화를 끊고 나한테 학생에 대한 포트폴리오를 건네줄 것을 말씀드린다. 아무런 기본 정보도 없이 그저 하소연하듯 자녀에 대한 자신의 불만이나 요구사항만을 읊조리듯 얘기하는 경우 난 어떠한 솔루션도 제시할 수가 없다. 요리를 할 때 기본재료가 있어야 맛있는 요리가 완성되듯 나에게도 학생에 대한 자세한 정보가 주어져야 이를 분석한 후 정확한 방법을 제시할 수 있는 것이다.

돌이켜보면 평생 공부만 했다고 해도 과언이 아닌 나에게 공부란 여러가지 의미가 있다. 정규교육과정 범주안에서 공부하는 것이 때로는 좋았던 기억도 있지만, '이렇게 가지 않고 다른 길을 택했다면 어땠을까?' 그런 생각이 들기도 한다. 그리고 한국의 교육체계를 분석하고 이에 걸맞는 해결책을 제시하고 있는 상황이긴 하지만 과연 이 방법만이 최선인지 다른 방법은 없는지 늘 연구하게 된다. 아직도 학생들에 대한 나의 진로진학지도는 계속 연구중이다. 그 해답은 아마 기존에 선배 학자들이 연구하셨듯이 나 역시도 계속 끊임없는 탐구를 통해 노력해나가는 가운데 조금씩 그 빛을 보이리라 생각한다.

추억을 켜켜
쌓는다

잘난 사위와 생선 말리기

내가 잘난 사위인지 어떤지는 모르지만 현재 상황을 지켜보면 잘난 사위임에는 틀림없다. 내일 모레 구순을 바라보는 장모님과 함께 기거를 같이 하면서 모든 생계를 내가 책임지고 있으니 말이다. 무엇보다 아침식사부터 시작해서 모든 것을 내가 하고 있다. 평생을 집안일이라고는 해보지 않은 아내를 대신해서 내가 모든 일을 하고 있다. 일명 요즘 유행하는 말로 퐁퐁남이라는 생각이 든다. 그런데 이는 오롯이 나만의 해석이고 이에 대해 와이프는 또 반론이 많으리라 생각한다. 모든 일든 양자 쌍방에게 들어봐야 제대로 된 해석이 나오기 때문이다. 게다가 와이프는 요즘 투병생활을 하고 있으니 더더욱 내가 할 역할은 많아진 느낌이다. 그래도 내가 할 수 있음에 그럴 여유와 능력이 있음에 감사를 드린다. 감사는 또 다른 감사를 낳기 때문이다.

어제 내내 볕바른 빨랫줄에 말린 임연수를 정성스레 손질하고 두툼함을 말로 표현하기 힘든 생선을 다듬어서 후라이팬에 기름을 넉넉히 둘러서 튀기다시피 고기를 익혔다. 사실 이렇게까지 해서 먹어야하는지 귀찮은 생각도 들었지만 기왕 사다가 정성스레 말린 생선을 맛있게 먹어야겠다는 생각이 들었고 무엇보다 육고기보다는 오히려 생선을 좋아하시는 장모님을 위해 내가 할 수 있는 작은 일을 하기로 마음먹었다. 살다보니 부딪히면서 생긴 정도 크다는 생각이 든다. 사실 나랑 피를 나눈 혈연관계는 아닌데 살다보면 정이 드는 것 같다.

그런데, 이제는 나도 나이가 들었는지 내가 해드리는 식사보다는 누군가가 해준 밥을 먹고 싶다. 지금 이 글을 쓰는 순간, 갑자기 피곤함이 몰려와서 화가 나지만 참는다. 왜 이렇게 내 팔자가 엉망이지 갑자기 내리는 빗소리에 잠깐 기분나쁜 생각도 들지만 안좋은 생각과 부정적인 느낌은 결국 분노로 이어지기에 그냥 나의 삶이려니 치부하고 하루하루 살아간다. 행복학을 강조하며 어쩌면 연기를 하는 내 자신에 대한 배신이 아닌가 그런 생각도 가끔 들지만 잠깐 이런 생각이고 이내 생각을 바꾸어 긍정회로를 돌린다.

평소 꿈꾸었던 어촌 새벽시장에 나가 생선을 엄청 사다가 집에 와서 간단히 손질한뒤 바람 잘 통하고 볕 잘드는 곳에 생선을 꾸덕꾸덕 말려 다음날 맛있게 구워먹는것이 나의 소박한 위시리스트였기에 어쩌면 나의 꿈을 이룬지도 모른다. 다행히 4월의 햇살치고는 너무나도 따가워서 금방 생선이 꾸덕꾸덕해졌다. 세상에 똥파리가 날아든다는 표현이 이렇게 해서 생겼나 싶을 정도로 말리는 내내 어디서 냄새를 맡고 기똥차게 똥파리가 끊임없이 날아들었고 나는 마치 격투기 선수마냥 수건으로 똥파리를 쫓아내며 생선지키기 전쟁에 돌입했다. 햇살이 어찌나 따가운지 아예 윗옷을 다 벗고 정말 알몸둥이를 드러내며 여유로운 어촌 생활을 만끽하고 있었다.

아침부터 카톡은 끊임없이 들렸고 이를 읽어가며 생선 말리기는 그렇게 하루가 하염없이 흘러갔다. 일기예보에는 비가 온다고 했지만 다행스럽게도 비는 내리지 않았다. 하지만 바닷가 날씨는 변덕이 죽끓듯이 하기에 한치 앞을 예상할 수 없다. 특히 봄날의 변덕스러움이란 이루 형언하기 힘들 정도여서 잠시 후 어떻게 될지 몰랐다. 아니나 다를까 오후 4시경이 되자 갑자기 시원하고 상큼하게 느껴진 봄바람이 차갑게 느껴지면서 뭔가 닥칠것만 같은 불길한 예감이 들었다. 조금씩 보슬비가 내릴 기미가 보이자 얼른 말린 생선들을 바구니에 정리하며 오늘 하루 일과를 마치기로 했다. 그래도 먹고 살아야 하기에 내가 해야 할 일은 줌으로 진행하면서 나름 최선을 다했다고 스스로 위로했다.

마당에 핀 수선화와 이름모를 수많은 꽃들은 나에게 또다른 선물 그 자체였다. 텃밭에 예고없이 자란 냉이를 마치 큰 보물을 수확한마냥 하나하나 뜯고 다듬어가면서 내일 아침밥을 미리 계획하고 있었다. 특히 냉이에는 당뇨에 좋은 성분이 많다고 해서 이렇게 자연식 밥상이 최고라고 자부하면서 유채꽃 몇 닢이랑 같이 한 바구니에 담아 삶을 준비를 했다. 사실 한 달 전 주문한 시스템 붙박이장을 하시는 분이 오후에 온다고 해서 어디 가지도 못하고 그냥 하염없이 기다린 하루였다. 하지만 예상치 못한 기다림 덕분에 새벽 일찍 어시장에 나가 구경도 하면서 맛있고 신선한 임연수도 그득 살 수 있었다고 생각한다. 어항을 청소하느라 거의 2주간 문을 닫아야 한다며 어시장 상인 할머니는 속상해했지만 다른 가게 한편은 이로 인해 어부지리 이익을 얻는다고 생각한건지 연신 미소가 끊이질 않는다.

확실히 바다사람들은 뭍사람에 비해 다른 점이 많다는 생각이 든다. 무척 억척스럽고 강인하다. 물론 농사짓는 분들도 자기가 하는 일에 정말 최선을 다하고 열심히 하시겠지만 이곳 바닷사람들은 엄청 거칠고 그냥 막대한다는 생각이 가끔 들었는데 그건 바닷생활이 한치도 알수가 없고 그만큼 때로는 생명의 위협을 많이 느끼기 때문이 아닌가 그런 나만의 추측과 상상을 해보았다. 생선을 사러 갈 때마다 나에게 존댓말을 쓰는 분은 한 번도 본적이 없다. 긍정적으로 생각하면 내가 너무 어려보이기 때문이 그런 것이 아닌가 그런 생각도 해본다.

비릿한 시장을 뒤로 하면서 그래도 사람살아가는 냄새가 진하게 나는 바닷가는 마음의 안식처가 아닌가 그런 생각이 들었다. 처음에는 불친절함과 투박함에 기분이 좋지 않았지만 이 또한 그분들이 살아가는 방식이려니 그런 생각이 들었다. 전리품을 가득 싣고 돌아오는 무슨 개선장군마냥 어깨에 힘을 잔득 싣고 돌아오는 발걸음이 유난히 가볍게 느껴졌다.

문어, 임연수, 갈치 이것만으로도 풍성함과 감사함이 그득했다. 생활에서 느끼는 행복이 바로 이런 것이 아닌가 그런 생각이 들었다. 코로나 때문에 많이 힘들고 답답하고 때로는 억울한 마음마저 들었지만 따지고보면 코로나로 인해 우리네 삶은 미래사회를 좀더 미리 준비하고 있는게 아닌가 그런 생각이 들었다. 코로나가 아니면 원격수업은 그저 미래사회의 한 부분이고 준비를 전혀 하지 않았는데 급격하게 변화하는 세상에서 생존을 위해 이 모든 상상속의 일들이 구체적으로 현실화되었다고 생각한다. 나도 사실 상담이든 교육이든 강연이든 오롯이 대면으로만 했는데 이제는 오히려 대면보다는 비대면이 대세이고 이 덕분에 이동의 자유가 생겼다고 생각한다.

하지만. 이 모든 것을 차치하고서 대면으로 서로 얼굴을 마주

보고 사람살아가는 내음을 직접 맡고 싶다. 서로 눈을 마주보고 이야기를 하는 것보다 더 소중한 것이 어디 있을까? 텃밭에 핀 진분홍 복숭아꽃이 유난히 아름다워보이는 것은 내 마음속에 아직 젊은 청춘만이 가지는 멋지고 화려한 꿈과 기대감이 조금은 자리하고 있기 때문이 아닌가 생각이 든다. 창밖에 떨어지는 빗방울 소리와 귓전에 들리는 음악소리에 잔잔히 내 마음을 정리해본다. 유난히 다정스런 멜로디로 들리는 이유는 내마음속에 자리잡은 긍정의 아이콘 덕분이 아닌가 자위해본다.

강릉 주문진의 추억 그리고 대문

주문진에 처음 터를 잡고 생활하고자 했을 때 많은 우려가 들었다. 하지만, 당시 너무나 지친 나의 삶에 그것도 굳이 하지 않아도 되는 서울대법대 공부를 시작하고 마무리하는 단계에서 엄청난 스트레스를 스스로 느꼈나 보다. 너무나 쉽게 얕잡아 본것도 한 몫을 차지했으리라 생각했다. 내가 마치 천재인냥 착각하며 그렇게 공부를 했다. 아마 나이가 주는 은근한 자부심과 자랑, 그리고 영어를 잘하기에 공부쯤이야 하는 오만함도 크게 작용한 것 같다. 그냥 마지막 단계에서 모든 것을 때려치우고 공부를 관둬야겠다는 생각을 하며 무작정 여행을 떠났다. 인생에서 가장 행복한 순간을 떠올리며 찾은 곳은 바로 주문진이었고 예전에 아름다운 추억으로 기억에 남았던 그 주문진 바다가 그리워 이곳을 찾은 것이다. 너무나 투명할 정도로 맑은 바닷물에 발을 담그며 내 마음을 조금씩 정리하고 있었다. 무슨 일이든 그냥 느낌 가는 대로 저지르는 성격이라 너무나 이곳에 심취한 나머지 마치 달과 육펜스에 나오는 주인공처럼 이곳을 내 미지의 이상향이라 생각하고 여기에 터를 잡으리라 결심했다.

그렇게 이틀 사흘만에 결정을 내리고 적당한 집을 찾아 이곳에 터를 잡았다. 서울사람이 이 집을 샀다고 이미 매도한 전 주인이 동네 분들께 공표를 했기 때문에 나에 대한 관심은 지대함을 벗어나 부담스러울 정도였다. 내가 무슨 일을 하는 누군가는 그다지 중요하지 않았다. 그저 낯선 이방인이 왜 이토록 먼 이곳에 왔을까라는 호기심에 시도때도 없이 방문을 열고 들어오기 일쑤였다. 처음에는 너무나 당혹해서 말이 나오지 않았다. 나중에 들은 이야기이지만 시도때도 없이 나를 찾아왔던 그 분은 치매를 앓고 계신분이기에 판단력이 없었던 분이었던 것이다. 돌이켜보면 그 분과의 추억도 많다. 정신이 돌아오면 한없이 친절하지만 그렇지 않을 때에는 마치 연애를 갓 즐기는 소녀마냥 토라지기도 하고 도무지 갈피를 잡을 수가 없었다.

대문없는 삶을 추구해서 대문없이 생활했지만 결국 자주 오지는 않지만 어쨌든 집을 정리하고 다듬어야 하는 시간에 불필요한 만남을 자제해야 했으므로 결국 거금을 들여 큰 대문을 달았다. 시골이다보니 서울처럼 단번에 이루어지는게 전혀 없었다. 무슨 일을 하려고 해도 기본적으로 1주일은 당연지사이고 약속어기기는 기본에 모든 일들이 계획대로 이루어지는 법이 없었다. 무슨 일이든 평생 철두철미한 계획하에 일을 진행하는 나에게 이분들은 낯섬 그 자체였고 어느 순간 부딪히기보다는 그냥 익숙해지기로 마음먹었다. 어차피 힐링을 위해 이곳을 왔는데 하루하루 머무는 동안 내가 스트레스를 받는다면 굳이 여기 있을 필요가 없었다.

처음에는 잠자리도 제대로 준비되어 있지 않아 와이프랑 서울을 차량으로 왔다갔다하며 하루 일과를 마치면 서울로 갔다가 다시 준비물을 챙겨 돌아오는 일과를 1주일 정도 진행했다. 그러다가 도저히 안되겠다 싶어 현지에서 이부자리를 장만하여 그냥 누추하지만 침대없는 맨방바닥에 몸을 뉘었다. 이렇게 나의 하루하루는 주문진에 스며들고 있었다.

대문을 한 이후로 낯선 이방인들과의 부딪힘은 줄어들었다. 물론 나를 온전히 다 드러내고 이분들과 동화하면서 살아야 하는데 그렇다고 여기에 뿌리를 내리고 살지 않는 이상 그분들과의 관계는 아무래도 어색할 수밖에 없었다. 맘에 들지 않는 낯선 이방인을 교묘하게 괴롭히는 방법을 이 분들은 너무나 잘 알고 있었다. 하지만, 내가 할 수 있는 범위내에서는 그분들을 도와드리고자 했고 특히 옆집 아주머니는 유난히 친절을 베풀며 친하고자 다가왔다. 알고보니 한많은 사연을 지닌 분이셨다. 지금 사시는 치매 할아버지가 법적으로 혼인하지 않고 사는 사실혼 관계인데 무튼 그분을 돌보면서 모든 재산은 당신앞으로 해놓은 상태였다. 한글을 떼지 못해 글을 몰라 늘 불편함을 느꼈고 특히 법적인 문제에 어려움이 생기면 내가 내려가면 늘 궁금한 점을 물어보곤 하셨다. 내가 할 수 있는 범위내에서 계약관계 등을 명확히 설명해주고 어떻게 하면 좋겠다는 가이드를 드렸다. 다행히 엄청나게 복잡한 건은 아니어서 부동산에 관한 한 내가 줄 수 있는 도움을 드렸다. 그 분은 당시 도로 개발 및 주변 상하수도 시설과 관련하여 나에게 수시로 전화하며 어떻게 하라고 가이드를 주셨다. 덕분에 예상지 못한 수익도 조금 얻게 되었다.

현재 이 분들은 기존 살던 옆집을 전세나 월세를 놓고 한 블럭 건너편에 집을 사서 이사를 가셨다. 알고보니 집이 세 채나 되는 다주택자였다. 와우!! 놀라울 뿐이었다. 그 집에 검은 멍멍이가 있었는데 어느 날은 내려와보니 쓸쓸히 그녀석만 집앞에 묶여서 넋 놓고 있었다. 내가 다가가니 가끔 봤는데도 어찌나 나를 반겨주든지 말못하는 짐승인 개가 오히려 사람보다 더 낫다는 생각이 순간 들기도 했다. 세상에 어떤 사람이 나를 오랜만에 봤다고 이렇게 반가워할 것인가? 무튼 녀석을 봐서 반가운 마음에 내가 준비해온 간식을 듬뿍 줬다. 알고봤더니 그 치매 할아버지가 백내장이 와서 수술을 하러 서울로 가는 바람에 아줌마도 같이 따라가시고 혼자 남은 이 녀석은 주변 지인들이 밥을 챙겨준다는 것이었다. 왠지 이 녀석이 너무 불쌍하게 느껴졌다. 말못하는 짐승이지만 이렇게 정을 표하는 녀석에게 무한 애정이 들었다.

시골에서 대문은 참 큰 역할을 하는 것 같다. 물론 옆집옆집에는 대문이 크게 쳐져 있는데 아무래도 대문이 있다보면 그 집에 들어가기가 쉽지 않다. 나 같은 경우도 대문이 없다보니 온갖 지역주민들이 마치 동물원 원숭이 구경하듯 찾아왔는데 대문이 생기고 나서는 찾아오지를 않는다. 물론 사생활이 침해되지 않아 좋은 점도 있지만 또 아쉬운 면도 조금 있었다. 다만 살아온 환경이 너무나 달라서 불쑥불쑥 찾아오는 분들에게 아직 내 마음이 열릴 준비가 덜 되었다고 생각한다. 아마 좀 더 나이가 들면 시골생활에 스며들며 그분들과 막걸리도 같이 하면서 완전정착하지 않을까 생각이 든다. 지금은 다만 이방인으로서 잠시 시간날 때마다 찾는 곳이기에 그분들과도 친해질 시간이 부족했다고 고백한다.

또랑또랑 떨어지는 빗소리가 아파트에서 듣는 느낌과는 확연히 차이가 난다. 흙바닥에 떨어지는 빗소리는 유난히 정감이 드는데 그 이유는 아마도 자연스런 교감이 함께 작용하기 때문이 아닌가 그런 생각이 든다.

서울 올라가는 길에 이사간 옆집 아주머니 댁에 음료수 한 박스라도 사드리고 가야겠다.

이젠 주차도 전쟁인가요?

전에는 전혀 걱정도 하지 않았고 관심밖이었던 주차가 이제는 나한테 직면한 큰 문제가 되고 말았다. 이전에는 아무래도 넓은 평형에 살다보니 주차공간도 일명 널널했는데 작은 평수의 아파트로 이사하고나서는 정시에 아파트에 들어가지 않으면 주차하기란 쉽지 않다. 여기서 정시란 보통 사람들이 퇴근하기 시작할 무렵의 시간으로 최소한 이전보다는 아파트 단지내에 들어가야 그나마 주차를 확보할 수 있다는 의미이다.

이중주차부터 시작해서 여러가지 안건이 나오지만 아파트 동별로 효율적으로 주차공간을 확보하지 못해 아무래도 특정 구역에 주차 차량들이 모이다보니 이런 문제가 발생하는 것 같다. 그러다보니 상대편을 고려하지 않고 꾸역꾸역 다른 차량앞에 주차하고 주차해서는 안되는 출구에 주차하는 등 불상사가 발생한다. 이에 대해 주차 딱지를 붙이면 오히려 적반하장으로 화를 낸다. 그리고 주차 좀 잘하세요 메모를 붙여다 재물손괴죄로 서로 얼굴을 붉히게 된다.

조금만 복잡한 공간을 벗어나면 그래도 충분히 야외주차공간에 주차를 할수 있는데 직주근접의 원리원칙을 너무나 철저히 잘지키는 탓에 오로지 자기가 살고 있는 지하주차장에 주차하고서 그대로 엘리베이트를 타고 올라가길 원하기에 이런 문제가 발생하는 것 같다. 물론 여러가지 또 다른 요인이 있겠지만 무튼 나만의 극도한 편의주의와 이기심이 작용한것 같다는 생각이 든다.

더 가관인 것은 주차를 단속하시는 아파트 관리자분들께 자기차에 딱지를 붙였다고 삿대질을 하며 쌍욕을 하는 경우이다. 입주민들이 아파트 관리하시는 분들께 함부로 하는 경우는 어제오늘의 일이 아니다. 일명 갑질인데 이러한 갑질은 현대사회에서 반드시 없어져야 할 병폐 중의 하나이다. 내가 뭔가를 잘못했다면 오히려 사과를 하고 잘못된 점을 고쳐야 하는데 나의 잘못에 대한 지적질이 오히려 불쾌감을 유발하고 극단적인 경우 싸움으로 치닫게 된다. 최소한의 배려나 양심이 사리진지 오래이다.

그럼에도 불구하고 아직도 사람살아가는 냄새가 나는 이유는 자신이 평생 모은 돈이라며 자신의 인적사항이나 이름도 드러내지 않고 좋은 일에 써달라며 엄청난 돈을 불우이웃이나 사회단체에 기부하는 경우이다. 정말 가슴따뜻하고 훈훈한 이러한 미화 덕분에 그래도 세상살아가는 맛이 난다. ‘그분들이라고 해서 왜 그 돈을 당신을 위해 쓰고 싶지 않을까? 그리고 그 많은 돈을 모으기까지 얼마나 많은 노력과 땀방울을 흘렸을까?' 당신들의 기쁨과 즐거움보다는 타인을 위한다는 일념으로 그 많은 돈을 기부하는 것이다.

그런 면에서 내가 평소 그다지 호감이나 큰 관심을 갖지 않았던 연예인들의 기부 소식을 들으면 내가 갑자기 부끄러워지고 미안하고 존경을 표하게 된다. 연예인이라고 해서 왜 돈이 좋지 않을까? 하지만 그 힘겹게 번 돈을 오롯이 타인을 위한 일에 쓰는 것을 보면 나이와 상관없이 너무나 존경스럽다. 하춘화 선생님을 비롯하여 장나라님, 아이유님 등 일명 의식있는 연예인들의 이런 선행과 미담은 사회적 존경을 받기에 충분하다. 그들도 그 위치까지 올라가기에 얼마나 많은 노력을 했을까? 그렇다면 그에 대한 보상을 받는 것이 어쩌면 당연한지도 모른데 그러한 보상을 오롯이 팬들의 팬심덕분이라며 그 공로를 사회를 위한 선한 일에 영향을 미치고 있는 것이다. 감동 그 자체이다. 이러한 선한 영향력이 보다 보다 더 많이 사회에 번졌으면 좋겠다.

더 이상 아파트 입주민의 갑질 소식을 뉴스로 접하고 싶지 않다. 물론 사실보다 오히려 크게 침소봉대하는 경우도 가끔 있긴 하지만 그렇다고 언론이 무턱대고 자극적인 기사만을 쏟아내지는 않는다고 믿고 싶다. 옐로우저널리즘에 입각한 그러한 일명 기레기는 우리사회에서 뿌려뽑혀야 한다. 자신들의 이익을 위해 진실을 호도하고 거짓을 퍼트리는 행위는 근절되어야 한다.

우리나라가 사실 좁은 땅에 비해 과도하게 차량이 많은 것도 사실이다. 유학시절 싱가포르 친구들에게 들은 이야기, 그리고 직접 싱가포르에 살면서 경험한 바를 살짝 이야기하자면 싱가포르는 차량구입이 상당히 까탈스럽고 세금적인 측면에서 규제를 해서 웬만하면 대중교통을 이용해 이동을 하게 된다. 나 역시도 주차가 워낙 아파트에 힘들다보니 웬만한 거리는 걸어다니거나 버스를 타거나 아니면 택시를 이용하게 된다. 그야말로 차량을 집에 모셔두게 되는데 이처럼 부차적인 요인들이 복잡하면 아무래도 차량을 좀 덜 쓰게 되지 않을까 생각한다. 싱가포르처럼 차량을 구입하는데 환경분담금을 많이 책정해서 무분별한 차량구입을 자제하는 것은 어떨까 싶다가도 또한 자동차산업에서 막강파워를 자랑하는 우리나라에서 그럴 경우 도 산업에 미치는 여파와 파장이 엄청나므로 모든 변수를 고려한 정책이 필요하다고 생각한다.

그러고보면 하나의 정책을 시안하고 이를 시행하는데도 엄청난 시간과 노력과 사고가 필요하다는 생각이 든다. 그리고 이를 준수해야만 하는 시민들의 입장에서도 완전맞춤형의 정책이 없기 때문에 때로는 불편과 불만이 생기겠지만 나 자신만의 편의보다는 함께 사는 사회에서 함께 살아가는 방법을 연구해볼 필요가 있다고 생각한다.

굳이 나보다 타인을 먼저 생각해야 할 필요는 없다고 할 수 있을지 모르지만 그래도 조금은 타인을 배려하는 마음이 좀 더 확산되어 함께 오손도손 살아가는 세상을 그려본다.

영국 유학 및 싱가포르 친구들

영국 유학시절 만난 싱가포르 친구들은 정말 천사와도 같았다. 어쩌면 애들이 이렇게 순수하고 여릴까라는 생각이 들었다. 특히 세월이 지나면 지날수록 더더욱 그 친구들이 생각난다. 사실 따지고보면 싱가포르는 미국처럼 다민족으로 구성된 멜팅팟이라고(melting pot)이라고 할 수 있다. 싱가포르의 대부분 경제는 중국계인 화교들이 차지하고 있고, 그 이외에 말레이지아, 인도, 네팔 등 다양한 국가에서 온 사람들이 하나의 나라를 이루고 있다. 내가 만난 친구들은 싱가포르에서 싱가포르 국립대는 못가고 일명 전문대를 졸업하고 영국에 학위를 취득하러 온 친구들이다. 물론 이 중에는 싱가포르 국립대를 졸업하고 박사학위를 취득하기 위해 온 친구들도 있다.

아무래도 아시아권이다 보니 만나면서 이야기하는 동안 우리는 서로 공감대가 많이 형성되었다. 그 중 한 명이 나와 아파트(flat)를 같이 사용하는 싱가포르 친구였는데 어찌나 사교성이 뛰어난지 하루가 멀다하고 자신의 친구들을 초대해서 파티를 열었다. 하나의 아파트가 있다면 각자 방 한개를 차지하고 거실이나 부엌은 공유하는 시스템이었는데 아무래도 부엌을 차지해서 요리를 하고 떠들다보니 방안에서 공부하는 나로서는 불편한게 한 두 점이 아니었다. 그나마 방을 다른 친구와 공유하지 않아 불편함이 조금 줄어들긴 했지만 flat에 시도때도 없이 초대해서 오는 친구들 때문에 골머리를 앓았다. 무엇보다 중국어와 영어가 뒤섞여 떠드는 소리가 너무나 요란하게 들렸는데 돌이켜보면 당시 나는 그 친구들과 어울릴 마음의 여유가 없었는지도 모른다.

성공하기 위해 유학을 와서 일년에 엄청난 돈을 쓰고 있는데 팔자 편하게 그 친구들이랑 놀 마음의 여유가 없었기에 참다참다 안되면 그 친구들에게 제발 다른 곳에 놀아달라고 부탁을 했다. 하지만 그 친구들은 낙천적인 성격인 탓에 내가 뭐라고 해도 늘 웃으며 쏘리라고 하며 자리를 떠곤 했다. 하지만 또 다음날 찾아오는 그 친구들!!

그리고 역시 파티를 좋아하는 멕시코와 그리스 유학생들!!

어느 순간 나도 이 친구들에게 스며들었다. 나 혼자 우아함을 떨면서 공부를 하기엔 나도 공부의 스트레스가 극에 달했고 이 친구들과 친해져서 함께 네덜란드를 비롯해서 유럽 전역을 여행하기도 하고 영국 곳곳을 방문하며 추억을 쌓았다.

한번은 네덜란드 암스테르담에 여행 간 적이 있는데 사실 비흡연자인 나는 어딜 가나 마리화나인지 대마초를 피워대는 네덜란드의 술집인지 커피숍 분위기가 적응이 안 되어 여행 첫날 이들과 함께 하지 않고 나혼자 길을 헤매다가 새벽 내내 국제미아가 된 적이 있었다. 여행 첫날 아무 생각도 없이 나왔기에 심지어 숙소이름도 모르는 상태에서 당시 네덜란드에 위치한 삼성 입간판만 보고 길을 따라와서 결국 숙소를 찾았는데 지금 생각해도 삼성은 너무나 고마운 존재이다. 당시 어떻게 집을 찾아가야 할지 막막했는데 삼성 입간판 덕분에 길을 찾게 된 것이다.

지금 생각하면 그 친구들에게 너무나 미안하다. 여행 가서 내가 좀 싫어도 그들과 어울리며 못맡는 매캐한 연기도 참고 견디면서 거기 있었어야 하는데 나 혼자 우아하게 고상을 떠느라 결국 그 친구들은 나를 찾느라 긴 시간을 허비했던 것이다. 다시 만나면 정말 그들에게 거하게 한턱 내고 싶다. 이들과 함께 한 시간은 내 인생 가장 소중한 한 부분이다. 다들 어떻게 지내고 있을까?

무튼 외롭고 힘든 유학 생활에서 이 싱가포르 친구들과 그리스 친구들, 멕시코에서 온 친구들 덕분에 난 그나마 힘든 과정을 마쳤는지도 모른다. 전공도 그냥 영어가 아닌 다른 분야였다면 덜 힘들었을 텐데 외국인이 영문학이랑 영어교육을 한다는 것은 마치 미국인이 한국문학을 전공하는 것과 똑같은 느낌으로 힘겹게 다가왔다. 하루가 멀다하고 쏟아지는 논문 페이퍼는 거의 미칠 정도로 괴로웠다. 당시 느낀 점은 한국에서는 오로지 정확한 문법이나 독해에 치중했다면 싱가포르에서 온 친구들은 다소 발음은 내가 생각하기에 엉성했지만 완벽하게 자신의 의견을 영어로 표출하는데 완벽했다. 글을 쓰는데도 어릴 때부터 영어로 공부한 덕분인지 논문작성에서도 탁월한 실력을 자랑했다. 그렇기에 우리나라도 좀 더 쓰기 교육에 치중해야 하는게 아닌가 그런 생각도 든다. 당연히 의사소통 말하기는 기본으로 하면서 이젠 문법교육은 그만했으면 한다. 문법을 몰라도 영어를 말하는데는 전혀 문제가 없다.

비록 이 친구들이 싱가포르에서는 한국의 서울대보다 더 경쟁이 치열한 싱가포르 국립대학을 못간 재원들인지 몰라도 하나밖에 없는 국립대를 어떻게 쉽게 갈 수 있단 말인가? 그렇다고 전혀 이 친구들이 부족하지 않았다. 오히려 더 따뜻한 심성을 가진 정말 천사와도 같이 착한 친구들이었다. 그렇게 친절하고 착할수가 없고 반듯함이 몸에 익숙해진 그런 친구들이었다. 그리스도 우리나라처럼 사교육이 발달한 나라로 그리스대학을 가기가 너무나 어려워 대부분 유학을 간다는 것이다. 이 친구들도 좋게 말하면 착하고 나쁘게 말하면 거의 노는데 도가 터진 느낌이 들 정도로 신나게 잘노는 친구들이었다. 지금 생각하면 나와 코드가 가장 잘 맞는 친구들인데 그 당시엔 내가 좀 카탈스러워서 오로지 공부에만 목을 메고 미친 듯이 살았던 것 같다. 너무나 미안하다. 정말 미안하다.

아무튼 그리스는 당시 EU에 가입되어 있어 한국인인 나는 몇 배의 등록금을 내고 유학을 해야 했지만 그리스 친구들은 등록금의 3분의 1도 안되는 돈으로 유학생활을 즐기고 있었던 것이다. 내가 보기에 별도의 학비부담이 없었기에 그 돈으로 생활비는 풍족하게 쓰는 상황이었다.당시 영국의 물가는 가히 폭동직전으로 기억하는데 머리를 한 번 자르려면 몇 십년 전에 벌써 한국돈으로 10만원, 파마는 30만원인데 이제 우리나라는 이 가격을 받아들이는지 모르지만 나에게는 상상을 초월할 정도로 무서운 물가였다. 그래서 영국인들이 파마를 한 여성들을 길거리에서 보기 힘들었던 것 같다. 오이나 당근, 파도 우리나라처럼 한개를 파는 것이 아니라 잘라서 부분으로 팔고 있었으니 두말이 필요없다. 하지만 당시 한국도 IMF로 일년에 이자가 거의 20프로에 육발할 정도였으니 가장 어려웠던 시기였었고 그 시기에 유학을 하고 있었으니 지금 생각해도 부모님의 결정으로 간 유학이었지만 미친짓이었나 그런 생각도 든다. 나에 비해 싱가포르 친구들도 대부분 아버지 직장에서 유학을 보내줘서 부담없이 유학을 했는데 왠지

나만 크게 손해보는 듯한 느낌이 들었다. 이제 와 생각하면 그럼에도 불구하고 후회는 없다. 만족한다. 그냥 이제와서는 모든 것이 감사할 뿐이다.

이 친구들과 함께 한 시간들은 세월이 지나면서 더더욱 많은 추억으로 되살아난다. 특히 오늘처럼 비가 오는 날이면 늘 날씨가 흐리고 우중충했던 영국 런던의 날씨가 되살아나 추억여행을 하게 된다.

비가 그치고 해가 비치는 날이면 누구라고 할 것없이 내가 느끼기엔 다소 쌀쌀한 날씨임에도 불구하고 모두들 비키니 차림으로 대학 교정에서 일광욕을 즐기고 있었다. 그들에게는 따뜻한 햇살이 비치는 것만으로도 감사를 드리는 축복 그 자체였던 것이다.

영국의 3월과 4월은 한국에 비해 여전히 쌀쌀했던 기억이 난다. 그럼에도 불구하고 길거리엔 수선화가 활짝 피어 나를 반겼는데 그 인연으로 인해 난 집안 화단에 수많은 수선화를 심으며 그 날을 되새기고 있다.

지금쯤 그 친구들은 뭘하고 있을까? 한동안은 정말 유학을 마치고도 연락을 주고 받았는데 서로 바쁘다는 핑계로 연락이 단절된 채 지금까지 이어지고 있다. 코로나가 끝나고 동문회를 하면 다시 영국에 가서 그 친구들을 볼 수 있다면 얼마나 좋을까 그런 상상을 해본다.

그래서 난 요즘 나보다 젊은 친구들을 가급적 이해하고자 노력한다. 그들에게는 한번의 만남보다는 한번의 집중과 공부나 일상적인 일과가 더 소중하고 더 급한지도 모른다. 뭔가를 즐기기엔 같이 생활하는 와이프에게 너무 미안한 죄책감이 들것이고 젊은 친구들은 또 성공을 위해 하루하루 열심히 생활하기에 한잔의 맥주를 마시는 시간도 어쩌면 사치인지도 모른다.

내 나이가 되고 보니 이제 모든 사회현상에 대해 좀더 여유를 갖고 이해하는 마음이 커지게 되었다, 예전에는 왜라는 의문이 먼저 들었다면 이제는 그럴 수 있지라는 이해의 마음이 생기게 되었다. 그리고 설령 함께 하지 못하는 아쉬움이 있긴 하지만 또 한편으로는 또 그렇게 하지 못하는 그들은 얼마나 속상할까 그런 생각이 들었다. 철없던 나의 20대 유학시절을 돌이켜보면서 난 오늘도 나의 삶을 돌이켜본다. 그리고 다시 한 번 그들을 만나 신나게 놀고 싶다는 생각이 든다. 지나고보니 힘들었다고 생각된 그 시간들이 내 인생에서 가장 소중한 젊은 청춘의 한 부분이었음을 알게 된다.

이제 나의 50대 인생을 또 멋지게 살아가야겠다. 인생 아직 얼마 살지 않았지만 예전에 미치도록 성공하고자 추구했던 모든 일들이 어쩌면 덧없다는 생각이 들기도 하고 그러면서도 조금은 나를 내려놓는 과정에서 오히려 참된 의미를 찾는 것이 아닌가 그런 생각으로 스스로를 위로한다. 내가 가지 않은 길에 더 이상 미련은 두지 않고 지금은 지금 나의 모습에 만족하며 오늘 하루도 창밖에 떨어지는 빗방울 소리를 들으며 따뜻한 한잔의 차로 내 마음을 녹여본다.

작은 모임 그리고 행복

작은 모임 그리고 행복

내가 하는 모임 중 매달 한 번은 꼭 얼굴을 보면서 맛있는 것을 먹어야 하는 일명 밥계, 먹계가 있다. 만나서 하는 일은 처음에는 낮술을 먹으면서 인생을 조금 여유롭게 즐기자는 취지였는데 어느 순간 바빠지면서 낮술은 고사하고 한 달에 만나는 것마저 사치로 여겨질 정도로 모임이 어려워진 고비가 몇 번 있었지만 그럼에도 불구하고 몇 년을 명맥을 유지하며 서로의 안부를 묻고 만나면 한없이 반가운 그런 사이가 되었다. 사실 중간에 갑자기 현실로 나타난 정치적 성향으로 고전을 한 적도 있었지만 다들 정치에 그닥 관심도 없고 있다고 해도 서로를 배려하는 마음이 컸기 때문에 이러한 갈등과 위기는 쉽게 봉합되었다고 생각한다.

원래 5명이었는데 넘 멀리 떨어져 보기가 힘든 한 명은 아쉽게 중도하차하고 이제 4명이 만나서 모임을 지속하고 있다. 원래 어떤 리더십 프로그램에서 만났는데 굳이 필요도 없는 그런 모임을 처음에는 가지 않으려다가 그래도 새로운 사람을 만나기엔 더할

나위없이 좋겠다는 생각이 들어 가입을 하게 되었고 그렇게 우리의 모임은 시작되었다. 물론 처음 시작한 기수회원들은 30명 가까이 되었지만 코로나로 인해 다 해산하고 그나마 방역지침에 위배되지 않는 멤버끼리 모임을 하다보니 4명이 남게 되었다. 물론 다른 회원들과의 만남 역시 아직 거둔 회비가 남았기에 코로나가 끝나면 다들 반가운 마음으로 기꺼이 만날 것이다.

광고업계의 큰손부터 양조업의 큰손, 그리고 로펌의 댄디가이에 이르기까지 직종은 다채롭고 다양하다. 코로나로 인해 오히려 더 큰 수익을 얻게 된 찬혁이는 늘 긍정적인 사고로 생활한다. 큰 욕심을 내지 않으면서 오히려 이런 전략이 들어맞았는지 연일 즐거운 비명을 지른다. 그리고 광고업을 하다가 업종을 바꿔 가업을 이어가는 강화도의 왕자 태석이는 정말 보면 볼수록 귀엽다. 나이가 내일 모레 50인데 귀엽다는 말이 어색하지만 늘 하는 행동이 사랑스럽고 보면 볼수록 정감이 가는 캐릭터이다. 제수씨랑 늘 신혼부부처럼 인생을 즐기는 태석이를 보면 정말 양조업은 탁월한 선택이라고 생각한다. 기존 막걸리 사업에 변화를 주어 이벤트를 접목하고 다양한 프로그램과 행사를 통해 마케팅을 연일 성사시키고 있다. 이 덕분에 양조사업은 크게 번창해서 호황을 누리고 있는 것 같다.

그리고 막둥이 홍재 역시 부산사나이로 늘 멋짐이 뿜뿜 풍겨나온다. 변호사라고 하면 딱딱함이 첫이미지로 떠오르는데 홍재는 늘 다정다감함과 사랑스러움을 타인을 대하고자 노력한다. 어려움에 처한 사람이라면 손해보면서까지 변론을 하는 홍재를 보면서 진정한 법조인 즉 어려움에 처한 불우한 이웃을 돕는다는 그런 생각이 든다. 부부변호사로 수입이 상당할텐데 늘 부족하다면서 헝그리 정신으로 노력하는 홍재를 보면서도 많은 본받을 점이 많다고 생각한다.

나를 포함해서 각자 색깔은 다양하고 살아온 환경 역시 다채롭고 다양하지만 서로를 이해하고 배려하는 마음에서는 공통점이 많다. 이기적인 마음을 조금씩 버리고 서로를 생각하며 안보면 그래도 안부를 궁금해하며 만나서 소주 한잔에 인생을 논하는 그런 사이가 되었다. 우리가 만나는 장소는 정해져 있다. 경천애인과 청계산장!! 다들 소고기를 좋아해서 한 달 5만원씩 내는 회비로 소고기를 사먹는 것이다. 물론 경우에 따라서는 분식집에서 배를 채운 적도 있는데 다들 내 식성에 맞춰주는 건지 만나면 즐겁게 소고기를 사이에 두고 그동안의 이야기를 나누며 회포를 푼다. 각자 처한 가정사부터 시작해서 사업적인 이야기까지 소소한 일들이지만 그래도 서로의 살아가는 이야기를 들으며 행복을 찾는다. 그냥 일상적인 만남에서 소소한 행복을 추구하는 것이다.

이제 또 만남을 준비하고 있다. 한동안 보지 못했더니 아니나 다를까 태석이가 모임을 제안했다. 아직 만날 날이 조금 남긴 했는데 그래도 얼굴을 본다는 생각에 기분이 좋다. 이번 모임엔 내가 준비한 홍삼발효액을 한 박스씩 선물할 생각이다. 내가 먹어보기에 너무나 좋아서 이 친구들을 위해 아낌없이 지갑을 열었다.

인생의 뒤안길에서 만난 인생의 인연줄이지만 그래도 서로서로 최선을 다하기에 지금까지 왔다고 생각한다. 특히 언젠가 찬혁이 오피스 옥상에서 맥주잔을 기울이며 서울풍광을 즐겼는데 강남이 이렇게 아름다웠나 그런 생각을 처음 하게 되었다. 이 시대를 살아가는 중년들의 만남이 그렇게 화려하지는 않지만 그래도 이름 없는 들꽃이 오래간다는 말처럼 이 만남도 그렇게 오래오래 지속되리라 생각해 본다.

칭찬맨은 믿을만한가요?

서울대법대 모임을 주관하면서 특히나 그 많은 인원들을 매니지하기엔 역부족이라 일명 나름 임원단을 꾸렸다. 물론 이러한 역할도 코로나로 인해 일순간에 무너지기는 했지만 그럼에도 불구하고 이 친구들과의 인연은 계속 이어지고 있다.

먼저 강욱이는 일명 잘나가는 스타 변리사이다. 변리사일을 하면서도 강단에서 후학을 양성하는 전형적인 인재라 할 수 있다. 결혼도 잘나가는 분당서울대병원 의사와 해서 현재 1명의 자녀를 두고 있다. 강욱이를 지켜보면 늘 드는 생각이 어쩌면 저렇게 해맑을까 그런 생각이 든다. 이런저런 이야기를 듣다보면 나 같으면 같이 동업을 하는 친구랑 벌써 수백번을 헤어졌을텐데 강욱이는 아무런 불만없이 지금까지 잘 이어져오고 있다.

이유는 간단했다. 그 사람의 장점만 보려고 노력한다는 것이다. 부모자식간에도 늘 다툼이 있는데 어떻게 하물며 한 직장안의 동료에게 불만이 없을 수 있을까? 서로 다른 의견으로 인해 갈등이 발생하는데 그 때 바로 위기대처능력이 필요하다. 강욱이는 절대 그 친구의 나쁜 점을 보지 않고 오롯이 장점만을 보려고 노력해서 그 위기를 대처한다. 그래서 때로는 이 친구한테 날개가 없나 살펴본적도 있다. 그러한 긍정과 타인에 대한 좋은 감정 때문에 승승장구하는 지도 모른다.

그런데 나는 이 친구한테 조금 실망한 것이 모두를 다 좋다고 칭찬을 하다보니 내가 어떤 경우 사람이 필요한데 도무지 신뢰가 가지 않는다는 단점이 있다. 그냥 웃자고 하는 이야기이다. 이 친구 말을 듣고 또 내가 그닥 우호적이거나 좋은 평판을 가지지 못했던 친구를 바라보면 또 강욱이말대로 너무나 좋아보이는 것이다. 그렇게 우리는 대학원 시절을 함께 같이 보냈다.

강욱이가 개업을 한다고 해서 내가 정성스럽게 그린 그림을 아무 조건없이 선물할 수 있었던 것도 이 친구에 대한 한없는 애정이 자리했기 때문이다. 아기를 최근 출산하기전까지는 그래도 가끔 만나 밥정을 쌓았는데 아기가 태어나고 행여 코로나에 걸리면 안되니까 지금은 서로 조심을 하고 있는 상황이다.

준철이는 자주 보지는 못하지만 늘 통화를 할 때마다 나를 기쁘게 하는 재주가 있다. 전화매너가 장난 아니다. 그렇게 다정스럽게 입에 감도는 멘트를 잘할 수가 없다. 본인이 내세울것이 엄청 많지만 늘 경험하게 타인을 대한다. 본인을 형제 아빠라고 할 정도로 자녀에 대한 애정이 깊다. 가만히 지켜봤다. 이 친구는 어떻게 살아가는지... 속으로는 엄청난 야망이 있는지 모르지만 겉으로는 절대 야망을 드러내지 않고 꾸준히 자신의 꿈을 향해 아직 달려가고 있다. 술자리에서 언젠가 했던 말이 있다. 자신이 인생에서 딱히 성공하지는 못했는데 그래도 이제 희망을 갖고 새로운 꿈을 갖게 해주셔서 감사하다는 말을 나에게 했을 때 난 많이 부끄러웠지만 그래도 기분이 좋았다. 왜냐하면 준철이랑 만나면서 늘 이 친구가 잘 되었으면 좋겠다는 생각을 했고 부동산 역시 그래서 조심스럽게 추천했는데 그것이 이제 결실을 맺기 위한 단계에 도달했다.

그런데 이 친구를 보면 늘 노력하는 과정이 있었기에 지금의 성과가 있다고 생각한다. 와이프가 암에 걸려 힘들어할 때 그래도 카톡으로 한우를 선물하는 준철이의 마음에 난 다시 한 번 감동을 느꼈다. 내가 한우를 못사먹어서가 아니라 나를 향한 그의 배려에 감동했기 때문이다. 매번 타인에게 뭔가를 주는데 익숙한 나에게 또 이렇게 값진 선물로 건강을 챙기라는 말에 어쩌면 나의 지친 영혼에 단비가 되었기 때문인지도 모른다. 뒤늦은 나이에 이직을 고민하는 준철이가 늘 걱정스럽고 안쓰럽지만 이번 고비만 잘 넘기면 또 다른 기회가 그에게 찾아오리라 확신한다. 더 높은 곳을 향해 비상하는 준철이에게 늘 좋은 일만 가득하길 바란다.

우리가 추구하는 행복은 거창한 것이 아니다. 비록 자주 만나지는 못하지만 그래도 이러한 카톡방을 통해 서로의 안부를 묻고 근황을 알리는 것은 굉장히 의미있다고 생각한다. 전혀 전화한통 없다가 어느날 갑자기 부고를 전하거나 다른 필요한 경우 할 말만 전한다면 과연 얼마나 효과가 있고 마음이 잘 전달될까 생각하면 전혀 아니라고 본다. 평소 끊임없는 교류를 통해 인간관계를 탄탄히 다질 때 더 곤고한 관계가 이루어진다고 본다. 혹자는 그냥 세월이 흘러 한 번 만났을 때에도 충분히 그런 효과가 있다고 생각하지만 내가 보기엔 평소 연락이 없다가 필요할 때 냉큼 자기의 필요한 이야기만 전달하고 만일 그 때 자신의 뜻이 관철되지 않았을 때 친구가 이럴수가 있느냐는 둥 이게 무슨 우정이냐는 둥 말같지 않은 황당한 소리를 늘어놓는다면 과연 되묻고 싶은 것이 이것이 진정한 우정이고 친구인지 스스로 고심해봐야 한다.

너무 계산적인 인간관계도 문제이지만 그렇다고 상대방을 고려하지 않은채 무턱대고 일방적인 노선의 인간관계도 문제가 있다고 본다. 내가 잠시 짬을 내면 상대에게 충분히 내 마음을 전할 수 있는데 그러한 노력을 게을리한다면 과연 언제까지 인간관계가 지속될지 의문이 든다.

구례에서의 추억세미나 그리고 인연의 연결고리

서울대법대 박정훈 교수님의 행정법 수업을 들으면서 매학기 2박3일에 걸친 세미나를 전남 구례로 갔다. 지나고나니 이러한 세미나가 얼마나 행복한 시간이었는지 다시 깨닫게 된다. 당시엔 다들 바쁜 스케줄에 3일간을 오롯이 공부에 매진하는게 너무나 힘들고 괴로웠지만 코로나가 터진 지금 시점에 생각해보면 그러한 대면의 공부가 얼마나 소중했는지 이루 말로 표현할수가 없다. 그럼에도 불구하고 굳이 이 힘겨운 세미나를 강행했을 당시에는 단체고속버스를 타기 위해 남부터미날까지 가는 단계부터 힘겨웠다. 그리고 돌아오는 교통편은 또 기차를 타야 하니 정말 천리역정이 따로 없었다.

평소 강의실에서는 서로 인사 한 번 제대로 하지 않고 오로지 공부에만 매진했던 상황에서 그저 안면만 있는 사람들끼리 서로 모여 3일동안 같이 밥을 먹고 같은 방에서 생활하면서 참으로 많이 친해진 것 같다. 사실 세미나라고 하면 하루 정도만 빡세게 공부하고 나머지는 친목도모가 대부분인데 어찌 된 일인지 여기는 진짜 미치도록 공부만 하는 그런 세미나여서 다들 휴식시간만 되면 넉다운되어서 기진맥진이었다. 왜 이렇게 먼곳까지 와서 논문발표를 해야 하는지 이해를 할 수 없었다. 하지만. 지나고나니 너무나 기억에 오래남고 행복한 순간임을 볼 때 이제서야 교수님의 깊은 뜻을 헤아릴 수 있다. 너무나 교수님께 감사한 마음 뿐이다.

세미나 둘쨋날 밤 11시가 되어서야 겨우 정규 논문 발표가 끝이 나고 우리들만의 자유시간을 가질 수 있었다. 속으로 너무 야속했다. 사실 세미나라고 하면 그래도 한 잔 마시는 낙으로 오는데 이런 낙을 원천봉쇄하시다니 너무나 심한 처사라는 생각이 들었다. 게다가 다음날 아침에 또 세미나가 있어서 다들 신나게 놀지는 못했다. 다만 마음맞는 사람들끼리 모여서 서로 한 잔의 술을 기울이며 친목을 도모했고, 그 와중에 코드가 맞는 친구들끼리 내가 머무는 방에 모여 2차의 시간을 가졌다. 그 때 모인 친구들이 현재 서울대법대 단톡방에 있는 그 친구들이다. 누가 뭐라고 할 것없이 서로 좋아서 연락처를 주고 받으며 마치 청소년시절이나 대학생시절로 돌아간 느낌으로 핸드폰 번호를 저장하고 서로 이름을 부르거나 나이에 맞게 형님의 호칭을 통해 돈독한 관계가 결성되었다. 도원결의는 아닐지라도 뭔가 서로에 대한 애정을 많이 느낄 수 있는 순간이었다. 그리고 다음날 교수님이 마련한 온천탕에서 진짜 알몸으로 온천을 즐기면서 어색한 관계를 조금 완화시키고자 했는데 오히려 나이 들어 알몸을 서로에게 공개하는 것은 참으로 더 어색했다. 이럴 줄 알았으면 헬스 좀 더 열심히 해서 몸을 만들었어야 하나 그런 생각도 든다. 교수님 댁에서 사모님이 준비한 다과를 들면서 그리고 댁에 있는 진돗개랑 같이 놀면서 우리만의 추억을 열심히 쌓았다.

전남 구례의 맛집을 탐방하면서 그리고 관광지를 투어하면서 정말 이렇게 아름다운 곳이 있을 수가 있을까 그런 생각을 했고 이곳이 너무 좋아 별도로 이곳을 찾은 친구들도 있다는 후일담을 들을 수 있었다. 돌아오는 기찻편에서도 아직 서로 어색함은 있었지만 그래도 다음 날을 기약하며 안녕을 고했다. 뒤돌아가는 모습이 왠지 모를 그리움으로 잔잔히 남는 순간이었다. 그리고 과연 다시 만남을 가질 수 있을까 그런 생각을 했는데 다행히 맘이 통했는지 그 이후 얼마되지 않아 만남을 가졌던 기억이 난다.

공부하면서 만난 친구들은 진심 공부만을 위해 모인 사람들끼리 모였기에 순수하다고 생각한다. 상대방이 무엇을 하는 사람인지 관심도 없고 대부분 법대는 법조계에 종사하는 사람들이어서 서로에 대한 믿음이 돈독하다는 생각이 든다. 나같은 별종이 있긴 하지만 대부분은 말그대로 법조계에 관심있거나 법학 자체를 좋아하는 이들이 많고 대개는 이를 생계로 생활하는 변호사들이 많다. 하지만, 현직 경찰부터 고위공무원에 이르기까지 정말 다양한 계층의 사람들이 모였기에 만나면 주제는 다채롭다고 생각한다. 나이도 스펙트럼이 상당히 넓어서 30대부터 50대에 이르기까지 다양하지만 나이는 정말 숫자에 불과할 뿐, 친밀도를 쌓기에 전혀 부족함은 없다. 사실 처음에는 나도 외대부고 제자 친구도 있고 해서 어색할 줄 알았는데 전혀 그런 부분은 문제되지 않았고 지금은 참 돈독한 관계라고 생각한다. 다만 서로 생각하는 주된 관심사가 다를 수 있으므로 어느 정도 공감대가 형성되는지는 속내를 좀더 들어봐야 알 것 같다. 사는 지역도 천차만별이어서 한 번 모임을 주관하려면 힘들지만 그럼에도 불구하고 지금은 추억의 이름이 된 호텔에서 만찬을 즐겼을 때는 정말 행복했다고 생각한다. 디너 뷔페는 정말 맛있고 좋았는데 이렇게 하나둘씩 코로나는 국내 유수 호텔을 다 잡아먹고 말았다. 강남터미날의 셰라톤팰리스에 이어 신논현 르메르디앙에 이르기까지 이제는 정말 추억의 이름이 되고 말았다. 지나간 시절이 그리운건 나만의 몫일까?

인연의 줄은 상당히 길어서 어느새 모임을 결성한지 5년이라는 세월이 지났다. 처음에는 잘몰랐던 친구들에 대해서 조금씩 이해를 하게 되고 하루가 멀다하고 카톡을 하면서 때로는 서로 원치 않는 불편함을 주기도 했지만 그럼에도 불구하고 이해의 폭을 넓혀 조금씩 친밀도를 높이고 있다. 여러 사람이 모여있기에 아무래도 다수를 만족시키는 시스템은 없다고 생각한다. 다만 서로에 대한 배려는 물론 조금이라도 아껴주는 마음이라도 생긴다면 난 그것으로 이 단톡방의 의의는 충분하다고 생각한다. 어쩌다보니 내가 나이가 가장 많아 리더아닌 리더를 맡고 있지만 사실 리더라기보다는 그냥 연장자에 불과하다. 하지만. 이 모임이 계속 지속되어 서로에게 힘이 되는 공간이 되기를 바란다. 이 복잡다난한 세상에서 그래도 세상살아가는 맛을 알 수 있는 그런 공간이 되었으면 하는 생각을 해본다.

아직은 내가 좀더 많이 챙겨주고자 노력하지만 늘 부족한 마음이다. 좀더 최선을 다하고자 노력을 해야지 라는 다짐을 해본다. 늘 생각하듯 선한 영향력은 반드시 좋은 빛을 발휘한다고 생각하므로 비록 혈연관계는 아니지만 또 다른 느낌의 친선교류는 충분히 가능하다고 생각한다. 때로는 너무 많은 카톡을 통해 구성원들에게 피해를 주는 것은 아닌지 걱정을 하기도 하고 때로는 너무 서로 연락을 주고받지 않아 소원한 것은 아닌가 걱정도 하면서 그래도 완전 주기적이지는 않지만 간헐적인 만남을 통해 서로를 이해하는 시간을 가지는 것에 감사를 드린다.

걸크러쉬 언니의 정의로움

서울대법대 공부하면서 만난 여성 걸크러쉬 1등은 당연코 정변호사님이다. 이분은 평소에는 정말 그렇게 다정하고 소프트할 수 없다. 말씀을 하실때에도 조근조근 친근하게 하시는데 언젠가 모임을 주관하면서 난 이 분의 진면목과 걸크러쉬를 발견하고 아예 지리는 줄 알았다.

당시 모임을 주관하는데 예약하기 힘든 강남의 유명한 중국집에 예약을 했다. 원래 50명을 예약했는데 당시 시간이 되었지만 개인적인 선약이나 별도의 스케줄로 인해 무려 10명 가까운 분이 나타나지를 않았다. 일명 노쇼이다. 장사를 하시는 분 입장으로서는 가장 큰 골치거리라고 생각한다. 코스요리를 준비했는데 음식은 미리 준비한 거라 어쩔 수 없이 나가야 한다면서 10인 분 중 5인분은 한사코 음식을 만들어주셨고 나머지 5인분도 음식재료를 준비해서 만들었기 때문에 어쩔 수 없이 음식이 나가야 한다고 했지만 안줘도 되고 그냥 음식값을 드리겠다고 했다. 일명 노쇼에 대한 비용을 반드시 물어야겠다는 것이다. 굳이 필요없는 음식값을 거의 10인분 지불한 것에 대해 나중 2차모임에 나타나신 정변호사님은 크게 노했다. 이미 연말모임을 다른 곳에서 1차로 하셨기에 얼근 취한 분위기였는데 그래도 이 모임에 얼굴을 드러내고자 나타났는데 나의 이러한 노쇼 차지에 대한 이야기를 듣고는 당장 그곳에 달려가서 따져서 돈을 받아오겠다고 해서 말리느라 혼줄 났다.

이렇게 터프하신 분인가 싶기도 하고 정말 법조인에 걸맞는 정의의 사자처럼 보여 순간 멋있게 느껴졌다. 그리고 이러한 분위기를 감지못한채 후배가 일명 기어오르는 행동을 하자 그 자리에서 대노하며 크게 혼내는 모습을 보면서 다들 슬슬 자리를 피하기 시작했다. 다소 입이 거친 말을 하지만 따지고보면 하나하나 순리에 맞고 이치에 맞는 말이라 반박불가였다. 결국 그 후배는 죄송하다며 자신의 잘못을 시인했는데 무튼 이 일화는 서울대법대 모임의 전설처럼 전해져온다. 당시 또 다른 걸크러쉬로 이름난 신진사대부 여성이 있었는데 나이든 큰언니의 걸크러쉬에는 일명 깨갱하는 분위기였다.

모임에서 늘 먼저 계산대에 가서 빌지를 잡는 모습에 미안하기도 하고 또한 아직도 모임에서 큰언니 내지 큰누나라는 타이틀을 은근 즐기거나 그 지위에 걸맞는 행동을 하고자 노력하는 모습에 더더욱 후배들이 따른다는 생각이 들었다. 단지 나이가 많아서가 아니라 누군가를 챙기고 배려하는 모습은 현대 사회에서 보기 드문 모습이기에 다들 멋있다고 좋아하는 부분이 아닌가 그런 생각이 들었다.

최근 15년 가까이 다닌 국내 유수의 기업을 관두고 자기만의 일을 시작했다. 사실 이번 인사개편에서 당연히 ceo를 맡을 줄 알았는데 어찌된 일인지 사직을 했기에 개인적으로 호기심이 생겨 조심스럽게 물어봤다. 이유는 간단했다. 너무 자기를 괴롭혀서 도저히 직장생활을 할 수 없었다는 것이다. 여기서 주체를 밝히지 않는 이유는 그냥 다만 추측에 맡기고자 한다. 이 정도의 강인함을 지닌 분이 직장을 관두는데는 충분한 이유가 있다고 생각을 한다.

직장을 관둔후 몇 개월동안 계속 부동산 투자를 시작했다고 했다. 그동안 일에 치여서 그냥 월급만 받고 평생 한곳에서만 살았는데 그러다보니 또래에 비해 정말 너무 뒤쳐졌다는 것이다. 그래서 퇴직하자마자 곧장 자기만의 시간을 갖고 주변에 정보도움을 받아 강남에 집도 장만하고 땅도 사고 또 재개발 빌라도 사면서 공격적인 투자를 했다는 것이다. 너무나 존경스러웠다. 우선은 무엇보다 자기가 생각하는 바를 곧장 행동으로 옮기는 모습이 너무나 멋있다고 생각이 들었다. 사실 누구나 마음은 먹지만 이를 행동으로 옮기는 사람은 드문데 일상적인 삶에서의 정의실천에서뿐만 아니라 당신이 추진하는 바는 곧장 행동으로 옮기는 실천력이 너무 멋있다는 생각이 들었다.

그러면서도 평소에는 세상 그렇게 다소곳할 수가 없는데 막상 전문적인 일을 처리하거나 이에 대해 논의할 때에는 목소리 톤이 달라진다. 일명 카리스마가 넘치는 부분이라고 생각한다.

누구나 사람에게는 그만의 향취가 있다고 생각한다. 물론 무취인 사람도 있어서 쉽게 타인과 접목하기 쉬운 경우도 있고 또한 자기만의 색채가 너무나 강해서 타인과 어울리기 어려운 경우도 있다. 과연 나만의 색깔과 향취는 어떤지 한 번 생각해볼 필요가 있다. 사실 여러가지 변수와 상황이 있기 때문에 이를 한 마디로 정의내리기가 쉽지는 않지만 그럼에도 타인과의 관계에서 나는 어떤 목소리를 내고 어떤 유형으로 다가가는지는 살펴보면 만일 문제가 발생할 경우 이를 보다 효율적으로 해결할 수 있다고 생각한다.

난 개인적으로 무색무취보다는 조금 버겁더라도 자기의 색깔이 분명한 사람을 좋아하기는 한데 그렇다고 너무 강해서 타인과의 조화를 어렵게 하거나 불협화음을 만드는 경우는 두 번 만나기가 사실 버겁기도 하다. 하지만 화를 내야 할 때 당당히 자신의 목소리로 화를 내고 기뻐할 때 같이 기뻐하며 정의를 위해서는 때로보다 크게 목소리를 내는 사람을 존경하고 이들과의 교류를 지속하고 싶다,

요즘 유행하는 말에 사회의 부정의에 눈을 감고 목소리를 내지 않는 남편이 1등 신랑감이라고 하는데 이런 소리를 들으면 많이 씁쓸하다. 결국 내 손에 피를 묻히지 않겠다는 말인데 세상 모든 사람들이 모두 이렇게 사회문제에 무관심하다면 결국 선한 사마리아인법이 제정되어야 하는것은 아닌가 생각을 해본다. 보다 인간미 넘치는 세상이 되기 위해서는 보다 주변에 관심을 갖고 비록 나에게 닥친 일이 아니라고 무시하거나 터부시 내지 무관심을 보일 것이 아니라 좀더 관심을 갖고 해결하고자 관심을 보태면 좋겠다는 생각이 들었다. 그렇다면 굳이 착한 사마리아인법과 같은 법제정이 필요없을 것이다.

인생 가꾸기

쾌걸남 상걸

외대부고 재직시절 국제반 부장을 맡으면서 프로그램을 기획하고 학생들을 인솔해서 미국 아이비리그 투어를 간적이 있다. 당시 국제반 학생들은 대다수 미국 유학을 꿈꾸고 있었기에 방학동안 1달 가까이 진행하는 미국명문대학 투어는 너무나 값진 경험이었다. 이 와중에 국제반이 아니고 국내대학을 목표로 하는 학생들 중에도 미국 아이비리그 탐방에 조인한 학생들이 있었는데 그 친구들은 중국어 전공의 학생들이었다. 사실 뜬금없이 미국탐방에 조인한 학생들을 보고서 국제반 학생들은 의아한 눈초리로 본 것이 사실이었지만 나는 어차피 단체를 인솔하는 매니저 입장에서 이들이 별탈없이 무사히 여행을 잘 마치고 귀국하도록 하는데 의의가 있었다. 하나라도 더 미국적인 문화를 익히고 입시를 바라는 친구들은 입시설명회에 참석하여 보다 디테일한 입시정보를 얻고자 노력했다.

국내대학을 희망하는 학생들은 오롯이 여행에 몰두했다. 이 중에 상걸이라는 친구는 늘 여행 내내 웃음바이러스의 아이콘으로 지친 여행에 즐거움을 주고자 노력했다. 이후 이러한 재능을 발굴하여 축제 및 체육대회, 심지어 수련회때 MC라는 큰 역할을 맡기도 했다. 지금은 수협에서 근무하지만 그 전에는 로스쿨 준비를 하던 예비법학도였다. 뜻한 대로 되지 않아 결국은 진로를 바꿔 지금에 이르고 있지만 난 늘 이 친구가 연예인이 될거라 생각했다. 비록 연예인은 아니지만 요즘도 회사에서 MC를 맡으며 자신이 가진 재능을 발휘한다고 했다.

상걸이에 대해서 고마운 점은 언젠가 방송 촬영을 할 때 제자들이 출연해야 하는 장면에서 자신의 바쁜 스케줄에도 불구하고 한 걸음에 촬영현장에 달려와 기꺼이 출연을 했다는 점이다. 시간이 지난 지금도 너무나 고맙게 생각하는 부분이다. 사교적이고 타인을 배려하며 늘 웃음을 통해 타인을 즐겁게 해주고자 노력하는 부분은 세월이 지난 지금에도 고맙게 생각한다. 언젠가는 생일선물로 요즘 잘 나가는 전기오븐을 선물해줬는데 이 역시도 센스만점인 상걸이의 특별함이 묻어나는 경우라고 생각한다.

요즘은 코로나로 인해 잘 만나지는 못했지만 상걸이는 늘 내 가슴속에 의리있고 멋진 친구로 기억되고 있다. 상걸이에게도 왜 이런저런 내면의 아픔이 없겠냐만은 상걸이는 언제나 늘 밝은 미소로 주변 사람들을 대하고자 노력한다. 내 기억엔 아직도 미국에 같이 갔던 17살 소년으로 기억되고 있는데 상걸이도 어느새 30대 아저씨가 되었다. 긴 세월을 그래도 옆에서 간간히 지켜보면 한결같은 느낌이 들고 믿고 신뢰할만한 친구라는 생각이 든다. 무엇보다 상대편을 배려해서 먼저 의견을 제안하고 타인의 말에 귀를 기울이는 이청득심의 마음은 요즘 젊은 청춘에게서는 보기 드문 배려의 마음이라고 생각한다. 그리고 자신이 힘든 상황이 있어도 이를 굳이 겉으로 드러내지 않고 속으로 삼키면서 의젓하게 행동하는 면에서 좀 마음 짠한 부분도 있긴 했지만 그래도 이러한 배려의 마음 덕분에 오늘의 상걸이가 있다고 생각한다. 앞으로 상걸이의 앞날에 더 좋고 멋진 일만 가득하길 바랄 뿐이다. 방송적인 재능도 많고 말도 잘하고 또한 면접에 있어서도 강세를 보이기에 상걸이가 단순히 직장인으로 살아가지는 않을 것이라고 생각한다. 다채롭게 펼쳐질 멋진 삶에 난 한없는 사랑의 기대와 응원을 보내주고 싶다.

엄마가 된 후 인생이 달라졌어요!

이제는 제자들이 결혼하여 아이를 낳는 경우를 자주 보게 된다. 신기하기도 하고 놀랍기도 하고 이렇게 시간이 많이 흐름에 격세지감을 느끼기도 한다. 학창시절 전교 1등을 했던 제자가 결혼한지 한참의 시간이 흐른 후에 드디어 왕자님을 출산하게 되었다. 아기를 낳은 후 수진이의 생활은 많이 바뀌었다. 아무래도 힘겹게 가진 자녀여서 그런지 몰라도 수진이는 벌써부터 자녀를 위해 무엇을 해줄지 고심하는 분위기였다.

"선생님, 아기를 낳고보니 세상이 달려보여요. 그리고 이전에는 저만 잘살면 그만이라고 생각했는데 이제는 아직 백일도 안된 아기인데, 무한 책임을 느껴요. 아이랑 눈을 맞추고 있으면 힘든 것은 모두 사라져요"

아기 엄마가 된다는 것은 한국사회에서 절대 쉬운 일이 아니다. 우선 경력단절여성이 되어 복직하기가 쉽지는 않고 복직을 해도 가정주부라는 역할을 같이 병행해야 하기에 늘 육아문제에 있어 힘듦이 생기게 된다. 이는 비단 수진이뿐만 아니라 현재 육아를 하는 후배들을 봐도 알 수 있다.

사실 젊은 30대 아빠들은 아파트 단톡방에서 고백하는게 너무나 번개팅에 나가서 맥주 한 잔이라도 하고 싶은데 집에 오면 파김치가 된 아내를 대신해서 육아를 해야 하기 때문에 1달의 한 번 외출도 감히 상상을 못한다는 것이다. 그래서 언제쯤이면 선배형님들처럼 삶의 여유를 가질 수 있는지 질문을 했다. 그냥 나이가 들면 나아질거라는 원론적인 답변 외에는 마땅한 해답을 찾기 쉽지 않았다.

수진이는 언젠가 단톡방 모임에서 시골에 계신 친정어머님이 올라오셔서 모처럼의 외출을 즐길 수 있다고 했다. 난 당연히 소수의 찐모임이기에 수진이를 위해 모임을 조정해서 만날거라고 생각했지만 참으로 냉정하게도 이 친구들은 가정주부가 된 수진이를 위한 모임에 동참하지 않았다. 많은 생각이 들었다. 임신부터 시작해서 출산에 이르고 백일 남짓한 동안 오롯이 육아에 몰두한 수진에게는 엄청난 도전과 시도가 바로 모임을 위한 외출이었을텐데 무심한 고등학교 남자 동기들은 갑자기 약속이 잡혔다며 파토를 내는 모습을 보면서 좀 서운한 마음마저 들었다. 미리 약속을 정하고 공지를 했고 그 전에 당연히 수진이를 위해 모임에 나가겠다고 했다가 약속시간 즈음에 약속파기를 하는 모습을 보면서 과연 이 친구들은 사적인 모임이라고 해서 이렇게 약속을 져버리면 본인들이 필요할 때 전혀 누군가는 힘이 되거나 같이 있어주지 않을텐데 너무 한치 앞을 바라보지 못하는 성급함이 자리잡지 않았나 그런 생각이 들었다. 이러한 일방적인 약속파기는 건전한 인간관계를 유지시킬 수 없다. 반드시 꼭 지켜야하는 법은 아니지만 그래도 상대방과의 약속은 왠만하면 지키고자 노력해야 신뢰가 쌓인다고 생각한다. 가장 기본적인 인간관계의 도리마저 져버린다면 누가 과연 그 사람을 믿어줄것인가?

육아에 지친 수진이랑 단둘이 만나기로 약속을 정했다. 다행히 수진이도 이제 나이가 들었는지 인생살이에 대한 고민을 같이 터놓고 얘기를 하고 싶었고 인생선배이자 스승인 나에게도 묻고 싶은게 많은 듯 보였다. 아기를 낳고 다소 지친 수진이에게 맛있는 음식과 디저트로 힐링을 시켜주고 싶다. 아마 내가 또 수진이를 만난다고 하면 이 녀석들도 자리에 나오지 않을까 그런 기대를 해보았다. 다가오는 주말에 수진이를 만날 생각, 그리고 시간이 흘러 수진이의 사랑스런 아기도 볼 수 있다는 생각에 벌써 기분이 설렌다.

헤드헌터계의 큰 손 박대표

사실 헤드헌터 피너클의 대표인 박미정과는 대학교 동창이다. 20살 때 만나 지금까지 인연을 이어오고 있으니 그 인연도 대단하다 할 수 있다. 벌써 강산이 3번이 바뀐 시간이 그렇게 흘러갔다. 사실 대학졸업 후 항공사 승무원으로 취직한 이 친구와는 내가 영국 유학을 떠나면서 한참을 보지 못하다가 우연한 동문회 연결고리로 인해 다시 만나게 되었다.

대학교시절, 우리 3명은 삼총사로 불릴만큼 나름 친하게 지냈다. 시험기간엔 늘 함께 했고 학교 구내식당에서는 쿠폰 한 장으로 식판을 골고루 3번을 받아가며 밥을 같이 먹을정도로 지금 생각하면 유치하지만 그렇게 우정아닌 우정을 쌓아간지도 모른다. 그렇게 밥 한끼도 못먹을 정도로 궁핍한 것은 아니지만 학교 구내식당만이 가능한 후한 인심을 어쩌면 우린 못된 방법으로 악용한 것인지도 모른다. 사실 밥을 많이 먹고 싶다면 각각 개별적으로 이것저것 샀을텐데 지금까지 이어지고 있는 그 다이어트를 당시에도 한답시고 조금 먹어야지 하는 생각에 식당 갔다가 너무 맛있어서 식권을 사서 한 판 다 먹기에는 부담스럽고 해서 사정하며 애교를 부린지도 모른다. 게다가 학교엔 늘 잔반이 남아서 버리는 것을 여러 차례 목격했기에 변명 아닌 변명을 하자면 이렇게 남는 밥을 먹은지도 모른다. 왜냐하면 우린 늘 점심시간 끝날 무렵 식당을 갔기 때문에 그 무렵이면 굳이 우리가 달라고 하지 않아도 식당일을 하시는 이모님들이 후하게 밥을 주시곤 했다. 그 인심이 때로는 너무나 그립다. 정 중에서도 가장 큰 정이 바로 밥정이 아닌가 그런 생각을 한다. 요즘도 가끔 만나 밥을 같이 먹곤 한다. 밥을 같이 먹는 멤버들이 그래도 7-9명 정도 되었는데 코로나로 인해 최근에는 그 많은 인원이 함께 한 적이 없다는 것은 너무나 슬프다. 이제 코로나가 끝나고나면 다시 다들 만나 못다한 이야기를 나눌 것이다.

세월이 흘러 각자 하는 일은 다르지만 나름 자신의 분야에서 최선을 다하고 있다. 한 명은 유학을 가서 다시 귀국해서 학생들을 가르치고 있고 나 역시도 가르치고 상담하는 일을 하고 있다. 지금 이야기하는 미정대표는 평소 탁월한 사교성과 붙임성덕분에 지금 하고 있는 헤드헌터일을 너무나 충실히 잘하고 있다. 일명 어쩌면 나보다 더 마당발이라고 할 정도로 각계 각층의 다양한 사람들을 만나서 그들을 필요한 곳에 연결해주고 있다. 내가 가르친 제자들에 대해서도 가끔 평판도를 묻는 것을 보면 신기한 느낌마저 든다. 반대로 이 친구는 재미삼아 나에 관한 이야기를 내 제자들에게 묻곤 했다는데 비록 시간은 많이 흘렀지만 다들 나를 좋게 평가해줘서 고마울 따름이다.

한동안 이 친구는 외대부고를 졸업하고 법조계나 기타 의료계 및 외교계에 종사하는 제자들을 많이 소개해달라고 부탁을 했다. 자신이 아는 일명 잘나가는 금융계 자녀들과 연결해주고 싶어서이다. 물론 서로 각자 추구하는 바와 이상형이 달라서 성공하기까지는 많은 힘이 들고 무엇보다 진짜 사람의 인연을 만들어주는 것은 엄청난 고통과 힘듦이 따름을 알고서 이제는 관두었지만 그래도 많은 쌍을 연결해주고자 노력했던 기억이 난다. 평소 탁월한 사교성으로 정평난 이 친구는 가끔 지켜보면 왜 굳이 저렇게까지 할까라는 생각이 들 정도로 타인을 배려하고 남을 위한 일에 발 벗고 나선다. 나도 그런 성향인데 이 친구를 보면 더더욱 그러한 성격이 든다. 오죽하면 내가 사교계의 여왕 린다킴의 이름을 따서 린다박이라고 했을까? 사실 미국의 무기로비스트 린다킴은 한동안 한국사회에 상당한 영향력을 끼친 인물로 유명하다. 아무튼 이 친구의 쾌활함과 타인을 배려하는 마음 때문에 나 역시도 의도치 않게 박대표 지인들을 위해 발벗고 나선 적이 한두번이 아니다.

그런데 이렇게 타인을 돕는 일은 정말 말그대로 밑빠진 독에

물붓는 격이 아닌가 그런 생각이 든다. 잘해야 본전이기에 늘 신중함이 필요하다. 심지어 자기가 운영하는 회사의 직원들에게 집을 장만해주거나 땅을 사주거나 결혼하는 일까지 발벗고 나서 도와주는 진정한 리더라 할 수 있는데 그러다 보면 때로는 마음의 상처를 입기도 한다. 그럴 정도로 다정하게 캐어해서 길까지 다 마련해주면 일단 스킬을 배운 후 독립하는 직장후배를 보면 이 친구는 어떤 생각이 들까? 그럼에도 이 친구는 늘 긍정회로를 돌리면서 자신의 일과 자신이 선을 베푸는 일에 아낌없이 많은 시간과 금전적인 투자를 아끼지 않는다. 그 덕분에 박대표에게는 늘 사람이 많다고 생각한다.

이 친구를 보면 화를 내거나 찡거리는 경우를 본 적이 없다. 늘 상대에게 거의 정말 간을 다내어줄 정도로 밝게 웃으며 높은 하이톤을 통해 발랄함을 자랑한다. 그리고 그러한 사교성과 사교술 덕분에 오늘의 박미정 대표가 있다고 생각한다.

언제나 인간관계는 그렇다. 상대방을 배려하고 그들의 눈높이에서 문제를 해결하려고 노력할 때 상대는 마음의 문을 열게 된다. 그녀 역시 어머님이 간혹 친구분들 속상해하시면 같이 맞장구 치면서 욕아닌 욕도 하게 되는데 그렇게 하면 연세드신 어머님의 화가 어느 정도 가라앉는다는 것이다. 아무리 옳고 바른 일이라고 해도 상대는 너무 화가 나서 들을 준비도 안되어 있는데 일명 눈치없게 분위기 파악하지 못하고 가르친답시고 이야기를 하면 상대방은 즉시 마음의 문을 닫고 아예 교류를 하지 않게 된다. 눈치가 있고 상대를 빨리 캐치하는 힘이 있어야 현대사회에서 살아남을 수 있다.

오늘도 문득 한잔의 커피를 마시면서 그녀의 밝은 미소가 떠오르는 이유는 늘 바쁨속에서도 꼭 챙겨야 할 사람들과 어떻게 사람들을 대할 때 가장 편하게 접근할 수 있는지를 너무나 잘알고 늘 한결같이 밝은 미소와 톤으로 상대방을 반겨주기 때문이 아닌가 그런 생각을 해본다.

53년만의 외출

강연가로서 방송과 전국 곳곳을 누비며 한창 열심히 강연을 진행했다. 나를 부르는 곳은 다양했다. mbcTV와 SBS 방송매체는 물론 서울에서 한참 떨어져서 택시와 비행기를 타고 가야 하는 거제도, 역시 비행기를 타고 가야 했던 제주도에서 법조인을 대상으로 했던 강연, 천안 단국대에서 의료인을 대상으로 했던 강연, 삼성생명 임직원을 대상으로 했던 부여에서의 강연, 코웨이 영업판매원을 대상으로 했던 목포에서의 강연, 부산에서 학부모를 대상으로 했던 교육 강연, 분당 국군수도의무사령부에서 의료군무원을 대상으로 했던 강연, 금융인들을 대상으로 했던 강연, 서울대로스쿨 학생으로 했던 강연, 신해철 추모공연 MC, 경찰청 공무원을 대상으로 했던 특강, 유수한 대기업체 직원 및 임직원을 대상으로 했던 강연, 삼진제약과 같은 제약사 임직원을 대상으로 했던 조직활성화 강연 등 이루 말할 수 없는 강연을 참 부지런히 다니며 진행했던 것 같다.

그 중에서 나에게 가장 기억에 남는 강연은 의왕복지관에서 진행했던 장애인인권교육 강연이었다. 복지관에 나와서 프로그램에 참여하셨던 장애인 여섯 분을 교육시켜 이분들이 초등학교학생을 대상으로 장애인인권교육을 실시하는 것이다. 사실 우리나라의 가장 큰 문제는 장애인인권에 대한 인식문제이다. 장애인이라고 해서 함부로 대해도 된다는 의식이 어린 초등학생들때부터 은연중 자리잡는 것을 막기 위해 초등학생에게 장애인에 대한 인권의식을 강화하도록 교육시키는 것이다. 물론 비장애인이 이러한 역할을 할 수도 있지만, 장애인이 전문교육을 받아 교육을 시킨다면 보다 효율적일것 같아서 마련한 것이다.

사실 1주일간에 걸친 교육은 다른 스케줄을 모두 포기해야 하기에 선뜻 수락하기가 쉽지 않았다. 하지만 마음을 다잡고 도전한 순간, 그리고 이분들에게 교육을 진행하면서 난 오히려 내가 이분들께 교육비를 드려야 하는 것이 아닌가 그런 생각이 들었다. 태어나서 그렇게 많이 울어본 적이 없다.

각각의 사연들은 너무나 간절하고 어쩌면 이렇게 기구할 수가 있을까 그런 생각이 들었다. 수업은 우선 이분들이 살아오신 삶의 이야기를 들어보는 것으로 시작했다. 대중 앞에서 강연을 하기위해서는 자신감이 있어야 하고 전달력이 필요함은 물론 무엇보다 도전정신이 필요하므로 스피치 화법을 가르쳐드리고 싶었다. 그러기 위해서는 자신을 표현하는 법부터 익혀야 했다.

수영 시 대표까지 할 정도로 그리고 대학에서도 스포츠학을 전공할 정도로 운동을 잘 했던 분은 어느날 겨울, 스키를 타다가 다쳐 중증 장애인이 되어 휠체어에 의지하는 인생이 되고 말았다. 결혼하고 육아를 책임져야 하는데 장애인이 되고 나서 이 분의 삶은 완전히 달라졌다고 한다. 두문불출하고 자신의 삶을 원망하고 누군가가 위로랍시고 자신을 불쌍히 여김을 원천차단봉쇄하기 위해 아예 모든 관계를 단절했다고 한다. 그렇게 시간이 흘러 우연히 이곳에서의 프로그램을 보고 마음의 문을 열게 되었다고 한다. 물론 주기적으로 자신을 찾아 상담을 해주시는 복지사 선생님의 권유가 컸다고 한다. 이곳에서 자신이랑 비슷한 처지에 있는 분들과 같이 생활하고 지내면서 힐링을 얻고 웃음을 되찾았다고 한다.

태어날 때에는 괜찮았는데 6살 무렵 갑자기 장애가 와서 역시 방안에서만 생활하다가 밖에 나오게 되었다는 한 분은 휠체어를 타고 버스나 지하철 한 번 타기가 너무나 두려웠다고 한다. 얼마 전 모 국회의원도 이를 직접 경험하기 위해 시연하다가 넘어졌던 기억이 난다. 우리나라가 아무리 장애인에 대한 처우개선을 우선적으로 진행하여 복지사업을 진행한다고 해도 아직 장애인들이 마음 편하게 외출할 정도의 시설은 역부족이라는 생각이 든다. 가까운 일본이나 북유럽 선진국가의 사례를 토대로 변화가 이루어져야 한다. 아무튼 53년만에 외출로 하셔서 이렇게 자신의 꿈을 찾기 위한 노력을 할 수 있음에 감사드린다고 했다. 그리고 아직 자신은 없지만 그래도 도전해보는 자체가 의미있다고 말씀하셨다.

또 다른 한 분은 태어날때부터 장애인이어서 초등학교를 일반학교에 다닌 이후로 역시 방안에서만 생활하며 비장애인과의 교류를 단절했다고 한다. 초등학교 선생님이 꿈이었던 이 분은 초등학교에서 또래 학생들이 쉬는 시간이면 욕하고 쓰레기를 던지고 오물을 뒤집어 씌였던 기억 때문에 단지 1학년 몇 개월을 다닌 이후로는 정규교육에 대한 미련을 버리고 오로지 독학으로 공부해서 검정고시를 마친 후 이제 방통대 국문과에서 공부를 한다고 했다. 앞으로 글을 더 많이 써서 세상사람들에게 장애인에 대한 인식을 전환시켜 주고 싶다고 했다.

또 다른 분은 당신께서 어둠의 소굴에서 직접 검은 일을 했다고 고백했다. 도박부터 시작해서 밀수에 이르기까지 다양한 일을 했는데 어느 날은 돈을 받고 밀수 관련 일을 하다가 선박에서 떨어져 반신불수가 되었다고 한다. 이후로 역시 휠체어를 타는 인생을 살고 있는데 그때 문득 드는 생각이 자신이 살아온 인생이 너무나 지저분해서 신이 벌을 내린 것은 아닌가 그런 생각이 들었고 이후로 정말 그 분 말씀대로 개과천선하여 부지런히 재활치료를 받으면서 공부를 하고 있고 자신이 살아온 삶을 회개하고 뉘우치며 사람들을 교화하는 일에 몰두한다고 했다.

또 다른 분은 놀이동산에 자녀들과 함께 여행을 갔다가 벤치에 앉았는데 가시가 몸에 박힌 것을 아무렇지 않다고 생각하여 이를 방치하여 몸에 고름이 생겼고 이 고름이 뇌에까지 전이되어 몸이 마비되었다고 한다. 역시 휠체어를 타고 생활했지만 그나마 이제 재활치료 등 약물복용과 전문치료를 받아 지팡이를 짚고 걸어다닐 수 있을 정도로 많이 호전되었다고 한다.

이렇게 각자 처한 상황은 달랐고 그 분들의 삶의 스토리는 다양했지만 이 분들이 인권교육전문강사로 초등학생을 대상으로 전달하고 싶은 메세지는 오로지 하나였다. 장애인에 대한 기본 인식부터 전환시키는 것이었다. 평소 장애인이라고 하면 당신들 역시 어쩌면 마음의 색안경을 끼고 생활했는지도 모른다고 고백했다. 막상 불의의 사고로 장애를 당하면서 이 분들은 많은 생각을 하게 되었다고 한다. 비장애인일때에는 몰랐던 장애인들에 대한 따가운 시선을 몸소 받으면서 타인에 대한 배려와 존중의 마음을 갖게 되었다고 한다.

학생 앞에서 실제 강연하는 것처럼 시뮬레이션을 돌릴 때 처음에는 다들 어색해하셨지만 시간이 지나면서 이분들은 정말 진심을 다해 마음과 마음을 연결하는 능력을 갖고 계셨다. 당신들이 직접 겪었던 일들을 진솔하게 말씀하시는 모습을 보면서 그리고 그러한 일들을 ppt로 정성스럽게 만들어 하나하나 소중하게 전달하는 모습에서 참된 인생의 모습을 깨달을 수 있었다.

앞으로 이분들이 우리사회에서 펼칠 모습이 기대된다. 진정한 감동은 인위적으로 포장된 거짓눈물과 겉으로 보이는 가식이 아니라 진정 상대방을 위한 이해와 배려, 사랑에서 비롯됨을 이 분을 통해 알게 되었고 난 이 분들을 통해 다시 한 번 나의 삶의 자취와 지금까지의 행동에 대해 반성할 수 있었다. 마지막으로 강연 중 어느 한 분이 들려준 감동의 노래 바람의 빛깔 중 일부를 소개하며 글을 마치고자 한다. 바람에도 빛깔이 있다고 하는데 과연 어떤 빛깔인지 한 번 생각해 보면 좋겠다.

사람들만이 생각 할 수 있다
그렇게 말하지는 마세요
나무와 바위 작은 새들 조차
세상을 느낄 수가 있어요
자기와 다른 모습 가졌다고

무시하려고 하지말아요
그대 마음의 문을 활짝 열면
온 세상이 아름답게 보여요

중략

서로 다른 피부색을 지녔다해도
그것은 중요한게 아니죠
바람이 보여주는 빛을 볼 수 있는
바로 그런 눈이 필요 한거죠
아름다운 빛의 세상을 함께 본다면
우리는 하나가 될 수 있어요

세상을 바라보는 편견의 안경, 그리고 내 마음에 드러워진 타인에 대한 질시와 무시, 그리고 무엇보다 내가 상대보다 우월하다는 생각만 버리면 좀 더 나은 세상을 함께 발맞춰 살아갈 수 있다. 설령 내가 조금 더 가지고 내가 좀더 무언가를 잘한다고 해서 절대로 상대를 무시하거나 경멸하거나 낮추어볼 그 어떤 권리도 없다. 왜냐하면 우린 모두 함께 살아가는 인간으로서의 권리를 하늘로부터 부여받았기 때문이다.

오늘은 먹을 것 조금 준비해서 오랜만에 복지관을 찾고싶다. 그 분들과 오랜만에 다시 만나 어떻게 지냈는지 다시 그 분들의 이야기를 들으면서 살아가는 삶의 회포를 풀고 싶다.

나에게는 이분들이 그 누구보다 세상에서 멋지고 존경받을만한 자질을 충분히 갖춘 최고의 귀한 인연 중 한 분, 한 분이라고 생각한다.

텃밭 가꾸기 그리고 나의 인생 가꾸기

외대부고 재직시절, 난 학생들과 함께 학교에 버려진 땅을 개간하여 텃밭을 가꾼 적이 있다. 당시 별관을 짓는다고 방치된 땅이 있었는데 해마다 잡초가 무성하게 나는 것을 난 학생들에게 땀의 소중함을 일깨워주기 위해 개간을 제안한 적이 있다. 사실 바쁜 기숙사학교 일정에 텃밭을 가꾼다는 것은 쉬운 일이 아니었다. 공부만 해온 학생들이 호미와 괭이를 들고 땅을 가꾼다는 것은 큰 도전이었지만 생활기록부 세특에 학생들의 텃밭가꾸기활동을 아름답게 써줄 것을 약속하며 그렇게 텃밭 가꾸기는 시작되었다.

늘 학생들과 함께 하고자 했기에 그리고 그 학생들을 자식처럼 진심을 다해 정성을 다했기에 지금도 많은 제자들이 나를 잊지 않고 연락을 하는 것이 아닌가 그런 생각이 든다. 난 학생들 사이에 아이돌급 이상의 인기를 끌었고 그 이유는 다양하겠지만 무엇보다 힘겨운 기숙사생활에 자신들과 늘 함께 하고자 진정을 다하는 나에게 많은 의지를 했나 보다. 이러한 이유로 대학교 전임교수로 오라는 제안을 몇 차례 바보처럼 거부하고 그냥 대학원겸임

교수나 대학교 겸임교수로 만족하며 내 인생을 살았는지도 모른다. 당시엔 내가 자신들을 버려두고 떠나지 말라는 나름 영악한? 이 친구들의 말을 너무나 곧이 곧대로 듣고 무언가 순수한 마음에 이들을 반드시 하버드대나 서울대에 보내야할 역사적 사명을 갖고 이곳에서 숙명처럼 살아가야되는 줄 알았다.

가끔은 좀 더 영악해져서 학생들을 떨쳐두고 대학으로 완전 갔어야 하나 그런 생각도 들지만 1년 정도만 해야지 하고 시작된 나의 교편생활은 그렇게 12년 넘게 흘러갔다. 물론 외대부고랑 외대가 같은 재단이어서 나에게 외대 및 외대교육대학원 강의는 같이 병행할 수 있는 기회를 특별히 부여해주긴 했지만 그럼에도 완전 이론에 치중하여 대학생을 가르치는 경우랑 현장에서 학생들을 대상으로 직접 영문학을 가르치면서 논문을 작성하는 것과는 차이가 있었기에 난 외대부고의 똑똑한 학생들을 지도하는 일에 더 포커스를 두고 나의 30대와 40대를 보냈는지도 모른다. 사실 교직에 몸담을 생각이었다면 굳이 엄청난 시간적 투자와 금전적 투자를 하면서 공부를 그렇게 많이 할 필요는 없었다고 생각하지만 지금 나의 삶을 다시 돌이켜보면 이 모든 과정들이 다 유기적으로 연결되어 도움이 된다고 스스로 위로해본다.

당시 외대부고는 외고에서 전국형 자사고로 급격히 전환을 했기 때문에 전국에서 몰려온 인재들이 서울대 의대를 비롯한 의대를 지망한 경우가 다수였고 자신들의 교내스펙을 위해 텃밭에서 농작물을 가꾸며 다양한 생태계 실험활동도 전개할 수 있어서 아이들은 흔쾌히 수락했다. 그렇게 100여명의 학생들이 텃밭 가꾸기에 참여하게 되었고 쉬는 시간이면 마치 이스라엘의 키부츠를 연상하는 거대한 군단이 조를 맞춰 학교의 버려진 공터에서 열심히 농사일을 지었다. 큰 구획을 나누어서 반별, 조별 땅을 만들고 거기에 상추와 쑥갓, 청경채 등 다채로운 농작물을 모종 가게에서 사다가 심었다. 농기구도 별도로 장만하여 힘좋은 남학생들이 밭을 개간하고 여학생들은 물뿌리기와 씨앗 묻기활동에 주력했다. 세월이 10여년 흐른 지금, 이 학생들은 현재 의사가 되어 바쁜 병원생활에서도 환자와 함께 화단텃밭 가꾸기를 하고 있다고 하니 선한 영향력의 결실이라고 스스로 칭찬해본다.

텃밭을 가꾸면서 키운 농작물은 근처 양로원이나 지역아동센터에 배달되어 좋은 먹거리반찬이 되는가 하면 학교 축제 행사때에는 학생들이 수확한 농작물을 학교를 찾아오신 학부모님들이나 교내 선생님들에게 팔아 그 돈을 불우이웃에 기탁하기도 했다. 사실 외부에서 진행하는 대입용 스펙은 엄청난 많은 돈이 들지만 난 학교에서 학생들에게 이런 교내활동 위주의 스펙을 만들어주는데 주력했고 이러한 활동을 생활기록부에 있는 사실 그대로 기록해주었다. 세월이 흘러 학생들은 나에게 선생님 덕분에 의대 합격했다며 오버아닌 오버를 떨며 나를 즐겁게 해주기도 한다.

나는 땅의 소중함에 대해 믿는 사람이다. 토지의 서희는 아닐지언정 참으로 땅을 좋아한다는 생각이 든다. 흙을 만지고 밟다보면 마음에 쌓인 모든 스트레스가 사라지고 흙과 씨름 한 판 하다보면 땀이 주르르 흘러내리면서 또 다른 희열을 느끼기도 한다. 작년 이 무렵엔 친한 동생 변호사 현근이가 도심 아파트 옥상에서 직접 기른 채소라며 비닐 봉지 한 가득 수확한 채소를 가져다 준 기억이 난다. 바쁜 그의 일상생활에서 이 텃밭을 가꾸는데 얼마나 정성을 쏟으며 길렀을까 그런 생각이 들었고 또 나를 위해 그 정성된 수확을 아낌없이 주는 것에 감사를 드렸다.

활짝 웃으면서
"형이 하는 것 보고 따라서 한 번 도전해봤는데 의외로 꽃을 가꾸고 먹거리를 직접 재배하는 것이 넘 재밌고 보람있어요!"

이것만으로도 난 너무 감사를 드린다. 직접 화단에 딸기도 기르고 예쁜 꽃모종도 사서 기르는데 예쁜 공주님들이 너무 좋아한다는 것이다. 그리고 친환경을 위해 농약을 절대 쓰지 않고 직접 해충을 잡는데 나름 손이 많이 가긴 하지만 그래도 공주님들과 함께 추억을 쌓는 일이 너무나 행복하다고 했다.

자녀가 있는 집이라면 난 텃밭가꾸기를 강력하게 추천하고 싶다. 자녀들과 함께 채소를 기르다보면 땅과 생명의 소중함을 동시에 가르칠 수 있다. 굳이 말로 하는 교육이 아니라 자녀들과 함께 체험을 하면서 서로 관계를 돈독히 하는 것이다. 얼마전 아파트에서 운영하는 텃밭에서 입주민들과 함께 유채꽃을 뿌린 적이 있다. 발아부터 시작해서 파종에 이르기까지 다수의 어린이들이 함께 참여하면서 같이 웃고 즐겼던 기억이 난다. 그들에게는 이러한 체험이 또 잊지못할 추억이 되리라는 생각이 든다. 아파트 입주민들로서는 또 하나의 결속력을 다질 수 있는 계기가 되었기에 세월이 흘러서 그 텃밭에 유채꽃이 자라면 또 두고두고 이야기하는 하나의 추억거리가 될 것이다.

이제 세월이 흘러 외대부고 텃밭은 별관이 들어서면서 흔적도 없이 사라졌지만 그래도 5-6년을 가꿨던 그 텃밭이 너무나 그리운 것은 나만의 추억이 고스란히 남아있기 때문이 아닌가 그런 생각이 든다. 옥수수를 정성껏 길러 수확한 옥수수로 옥수수버터구이를 해서 역시 축제때 학생들과 함께 팔았던 기억도 나에게는 소중한 인생의 한자락이라고 생각한다. 이제 그 친구들도 번듯한 사회인이 되어 세계를 누비며 열일을 하는 인재가 되어있어서 그것만으로도 나에게 텃밭가꾸기는 무한한 의미 그 이상이라고 생각한다.

비오는 4월 중순, 난 오늘도 시장에 모종을 사러갈 계획을 세우고 있다. 이른 시간이긴 하지만, 비가 그치기 전 얼른 채비를 해서 화단에 심을 상추며 치커리, 파모종을 사야겠다. 벌써 내 입가엔 고기상추쌈을 먹을 생각에 입가에 미소가 그득 번진다.

인간관계 해법 살며 사랑하며

1판1쇄 2022년 5월 10일

저자 전설
발행인 이경화

발행처 디자인21
주소 04560 서울특별시 중구 퇴계로 293-1 3층
전화 02-2269-6561(대)
팩스 02-2269-6568
e-mail 21publish@naver.com

등록번호 제1-1128호
등록일자 1991.2.12

ISBN 978-89-6131-087-1 03810

정가 12,000원

http://21publish.co.kr/
https://blog.naver.com/publish21